풍요로운 삶을 위하여

짐 론 지음 / 김우열 옮김

용안미디어

Original Title : The Treasury of Quotes
Copyright ⓒ 1994, 1996 Jim Rohn
published by arrangement with Health Communications, Inc.
Deerfield Beach, Florida, U.S.A.
All Rights Reserved
Korean Translation Copyright ⓒ 2003 by Yong An Communications, Inc.
through Inter-Ko Book Library Service, Inc.

판 권 본 사
독 점 계 약

풍요로운 삶을 위하여

지은이 · 짐 론

옮긴이 · 김우열

인쇄일 · 2015년 3월 01일

발행일 · 2015년 3월 01일

펴낸곳 · 도서출판 용안미디어

주소 · (135-081) 서울시 강남구 역삼1동 696-25 영성빌딩

전화 · 010-6363-1110

팩스 · 02-6442-7442

등록 · 1994년 2월 25일 제16-837호

가격 · 6,000원

ISBN89-86151-75-8 (02320)

※ 이 책의 한국어판 번역권은 짐 론의 저작권 관리를 위임받은 Inter-Ko Book Library Service와 독점계약을 맺은 용안미디어에 있습니다. 저작권법에 의해 한국 내에서 보호받는 저작물이므로 법이 정한 이외의 무단전재나 복제, 광전자 매체에의 수록을 금합니다.

풍요로운 삶을 위하여

짐 론 지음 / 김우열 옮김

옮긴이 · 김 우 열

- 일명 '몽상철학가'
- 연세대학교 전자공학과 대강 졸업
- 팬택 · 모토롤라에서 얼렁뚱땅 손전화 개발하다 얽매여 사는 것이 싫어 뛰쳐나옴
- 현재 신나는 전문번역가로, 출판인으로, 네트워커로 일하고 있으며 번역지망생을 위한 사이트를 운영 중(http://www.translatorsweekly.com)
- 역서 : 〈신인〉, 〈수랏 샤브드 요가〉, 〈영혼의 마케팅〉, 〈모든 가시들이 꽃잎으로 변하리〉, 〈GO! 다이아몬드〉 외 다수

풍요로운 삶을 위하여

짐 론의 〈풍요로운 삶을 위하여〉는 저자의 개인일지와 강연, 책에서 발췌한 365가지 이상의 인용구들을 모은 책이다. 여기에는 인생에 영향을 준 사업과 나눔의 사상에 대한 30여년 경험이 녹아 있다.

오늘날까지 짐 론의 이야기는 300만 명 이상의 청중에게 전달되었다. 삶을 변화시키는 사상과 영감의 보물을 마음껏 즐기는 동안 저자의 언어가 독자 여러분과 여러분의 가족, 친구, 동료사업자들에게 감동을 주길 기원한다.

추천의 글

"짐 론은 내가 본 가장 논리적이고 힘이 넘치고 생각을 자극하는 연설가 중 한 명이다. 독특한 전달방식으로 다른 사람보다 눈에 띄는 위치에 올랐다."

– 하비 맥케이, 〈잡아먹히지 않고 상어와 수영하기〉의 저자

"오늘날 미국에서 짐 론처럼 진실을 생생히 말하는 연설가는 없다. 그의 책과 테이프는 우리의 뒷받침이 되었고 그의 강연은 힘을 주었다."

– 헬렌 리터, 휴스턴 벨트와 터미널 철도의 최고경영자

"짐 론은 현대의 윌 로저스이다. 성취와 성공에 대한 그의 인식으로부터 수천 명이 성공과 행복으로 가는 놀랍고도 인생을 변화시키는 탐험을 시작하게 되었다. 직접 짐 론을 느껴볼 것을 강력추천한다."

– 톰 홉킨스, 〈톰 홉킨스 인터내셔널〉 대표

추천의 글

"짐 론은 이 시대의 성공적인 통솔력과 사업원칙을 가장 효과적으로 전해준다. 사람들은 그로부터 감동을 받아 움직인다!"

― 로트 트라웃만, 〈미국 소비자클럽〉 판매 및 교육담당 이사

"빠져들게 한다! 나는 짐 론의 강연을 여러번 들었지만 지금도 그 한 마디 한 마디를 주의깊게 듣는다. 그의 어법은 완벽하며 그의 사상은 영원하다."

― 토니 앨리샌드라 박사, 〈앨리샌드라와 친구들〉

"어떤 연설가는 위대한 메시지를 함께 나누는 반면, 어떤 연설가는 어법이 탁월하다. 짐 론은 두 가지 모두를 가진 보기 드문 연설가 중 한 명이다. 짐 론이 최고 중의 최고로 알려지리라 믿는다."

― 조지 T. 조컴, 〈미드 애틀랜틱 메디컬 서비스〉 최고경영자

추천의 글

"짐 론은 세계적인 언어세공사이며 명쾌하고 뜻깊은 말 속에 기억할 만한 마음의 양식을 담아 전해준다."

– 편집인 게르하르트 슈반트너, 〈개인판매의 힘〉에서 발췌

"짐 론의 메시지는 영원하고 힘이 넘친다. 짐은 최고의 만담꾼이다. 그의 통찰력은 충격적이며 청중들은 그의 이야기를 더 듣고 싶어한다."

– 고든 앤드루스(고급 훈련센터 감독)

"짐 론은 경의적인 인물이다! 그는 미국에서 가장 세련된 전문연사 중 한 명으로 모든 사람이 필요로 하는 메시지를 전해준다."

– 브라이언 트레이시, 〈브라이언 트레이시 학습시스템〉 대표

추천의 글

"짐 론은 이 시대의 가장 조리있고 설득력 있는 연설가이다. 그의 사상과 식견이 주는 영감을 통해 사람들은 자신의 잠재력의 한계를 시험하게 된다."

– 월터 도일 스테이블스 박사, 〈승자처럼 생각하라!〉의 저자

"나는 그의 강연 테이프를 처음 듣는 순간 매료되었다! 그는 모두 주인공이 될 수 있는 성공의 그림을 그려낸다. 그는 따스하고 매력적인 언어로 자기성장을 추구하는 모든 사람이 심오한 지혜에 따라 행동하도록 끌어들인다. 그는 내가 알고 지내길 바라는 사람 중 한 명이다."

– 션 D. 맥카들, 〈생명의 대답〉 대표

"짐 론은 사람들이 새로운 차원의 성취와 만족을 얻는 데 추진력이 되는 메시지를 전해주는 최고의 스승이자 지도자이자 연설가이다."

– 샌디 빌라스, 〈파워 네트워킹〉의 공동저자

추천의 글

"짐 론의 1일강연 과정에 80여 명을 보내고 그들의 반응을 보고나서 13년 간 경험했던 판매와 경영훈련 과정 중 그날이 최고의 날이었다는 결론을 내리지 않을 수 없었다."

― 마이크 우튼, 〈프리메리카〉 부사장

"짐 론은 나의 첫 번째 자기계발 스승이며 충분한 이유가 있다면, 늘 무엇이든 할 수 있다고 가르쳐 주었다. 이유란 성취를 위한 헌신과 관심의 차이다."

― 앤서니 로빈스, 저서 〈무한한 힘〉에서 발췌

"경영자들은 일을 바로잡는다. 지도자들은 올바른 일을 한다. 7년 전 짐 론은 내게 그 차이를 가르쳐 주었고 그로 인해 모든 것이 달라졌다."

― 카루나 카나가라토란, 〈상실〉의 설립자이자 최고경영자

추천의 글

"유명한 동기부여 연설가들을 칭찬할 때 '힘이 넘친다', '역동적이다', '재치가 있다', '넋을 뺏는다'라고 할 때가 많다. 짐 론은 이 모든 칭찬에 해당하면서 '충격까지 준다'라고 하는 것이 정확한 표현이다."

— 데이비드 칠튼, 〈부자 이발사〉의 저자

"짐 론은 지난 20년 이상 내 자신과 직업에 있어 위험을 감수하고 능력을 키우는 데 도움을 주었다. 짐은 통찰력으로 변화를 추구한다."

— 대니얼 케네디, 〈대니얼 케네디〉

헌 정 사

지난 30년 넘게 함께 이야기 나누고자 본인을 격려해주신 모든 분께.

당신을 위한 글입니다!

- 짐 론

감사의 글

이 글에는 저자의 현재 개인철학을 나타내는, 지난 30년 간의 사상이 담겨 있다.

저자의 삶과 생각, 언어에 영향을 준 모든 사람에게 온당하고 적절한 감사를 표하기는 어렵지만 너무나 깊은 감동을 준 몇 명에게는 친구로서, 사업동료로서, 한 인간으로서 감사를 표하지 않으면 안 되겠다.

누구보다 감사드려야 할 분은 저의 부모님으로 그분들은 저자가 받은 유산의 반석이다.

J. 얼 쇼프는 저자에게 현재의 모습 이상의 사람이 될 수 있다는 비범한 생각을 전해 주었고 저자는 늘 감사할 것이다.

저자의 사상에 영향을 주고 자신의 언어로 저자의 상상력을 자극하고 때로 다른 사람들의 삶에 영향을 주는 법을 함께 찾으며 연단에 함께 섰던 분들께 감사드린다. 고(故) 얼 나이팅

감사의 글

게일, 데니스 웨이틀리 박사, 지그 지글러, 브라이언 트레이시, 로버트 슐러 박사, 고(故) 노먼 빈센트 필 박사, 톰 홉킨스, 앤소니 로빈스, 대니얼 케네디, 토니 앨리샌드라 그리고 새로운 가능성의 세계를 보여주는 글을 기록하신 모든 분들에게 감사드린다.

훌륭한 기업에는 언제나 훌륭한 사람이 있는 법이다. 하이데가 어머니가 되기 위해 떠나면서 카일에게 짐 론 인터내셔널 일상업무의 전권(全權)을 맡기기까지 5년 간 저자를 지지해준 카일과 하이데 윌슨에게 감사드린다. 미국과 국제 공개 강연에서 지금까지 저자를 지지해주는 오랜 후원자인 제리 하인스, 브라이언 다지, 론 막스, 테리 버틀러, 제임스와 웬디 로완에게 감사드리며 최근 후원자인 던컨 맥퍼슨, 댄 브레트랜드, 맥 챔프먼, 레이 래스트, 제프 하워드, 마이클 제프리스, 메리언 윌슨, 카루나 카나가라토란에게 진심으로 감사드리며 격려를 보내는 바이다. 우리 모두 최고가 됩시다!

감사의 글

나이팅게일 - 코난트사에 근무하는 모든 친구들, 오디오 테이프의 생산과 판매에 많은 도움을 주신 빅 코난트, 케빈 맥닐리, 마이크 윌본드, 로버트 스투버그에게 감사드린다.

또한 상품연구와 개발에 중요한 역할을 한 론 레이놀즈와 캐트린 치넬에게도 심심한 사의를 표한다.

그리고 저자가 자신의 신념을 끊임없이 추구하는 이유가 되고 고대진리를 표현하는 새로운 길을 찾도록 영감과 격려를 해준 두 딸과 가족에게도 고마움을 표한다.

- 짐 론

서 문

WRS 출판그룹으로부터 〈내가 본 가장 위대한 연설가〉 원고 제의를 받았을 때, 맨 처음 떠오른 사람이 바로 짐 론이다. 그의 이야기는 내 인생과 사업경력에만 큰 의미를 갖지 않고 월터스 국제연설가국(Walters International Speakers Bureau)을 통해 알게 된, 말 그대로 수천 명의 강사들도 그로부터 얻은 영감에 대해 이구동성(異口同聲)이다.

내 글을 집필하면서 강사들에게 창의성과 인생의 성공에 대한 불꽃을 전파한 위대한 강사가 누구인지 물었더니 많은 사람이 짐 론이라고 답했다.

짐 론의 강연을 처음 들었을 때, 나는 남편의 광고사업을 돕고 있었다. 당시 우리는 불경기로 집과 작은 세탁소를 날릴 위기에 있었다. 나는 고등학생 때처럼 신문광고란에 글을 쓸 생각이었다. 툭하면 바퀴가 빠졌던 덜컹거리는 낡은 유모차에 두 아이를 싣고 걸었다. 캘리포니아 볼드윈 파크의 양계마을 시골길에는 인도(人道)가 없었다.

서 문

아이를 데리고 걸어다니는 것도 힘들었지만 "네가 뭐라고? 넌 못해. 대학도 못 나왔으면서!"라는 친구들과 이웃 그리고 가족들의 말이 더 힘들었다.

어느날 친구 하나가 짐 론의 강연을 들으러 가자고 했다. 우리는 10인용 의자에 앉았다. 내 옆에는 반항적인 10대(代) 아들의 행동으로 심기가 불편해 보이는 중년여성이 앉았다. 10대 자식에게 원치 않는 곳으로 가게 해야 할 때, 어떻게 하는지 이해하게 된다.

소년은 앞으로 구부렸고 뒷머리는 앞 의자에 닿았다. 발목을 꼰 채 긴 다리는 쭉 뻗어 밟거나 걸리지 않고는 우리 탁자 앞을 사람들이 지나갈 수가 없었다. 소년은 팔짱을 끼고 아랫입술을 호전적으로 내밀었다.

그때 짐 론이 이야기를 시작했다. 짐은 부드러우면서도 재미있고 유쾌하지만 힘이 넘치는 어투로 잊혀지지 않을 많은

서 문

이야기를 들려 주었다. 짐은 "개미들은 포기하는 법이 없다"라는 단순한 이야기를 들려 주었다.

짐은 먼저 행동해야만 한다고 했다. "너희가 행동하지 않으면, 나도 행동하지 않으리."라고 신(神)이 말했다. "뿌리면 거둘 수 있지만 먼저 뿌리지 않으면 안 된다."라고 그는 말했다. 또한 "현재의 자신을 바꾸지 않으면, 항상 현상태에 머물 것이다."라고도 했다.

그의 말은 *게토 블래스터 같은 말로 나를 비난하던 비관론자들의 잡음을 없애버렸다. 나는 오직 나 자신만이 내가 누구인지 그리고 무엇을 할 수 있는지를 알기 때문에 그들이 무슨 말을 하든 상관없다는 것을 깨닫게 되었다. 나는 어릴 적부터 일 주일에 여섯 권의 전기를 주로 읽었다. 짐은 "내가 만난, 모든 성공한 거물들은 훌륭한 독서가이다. 모든 지도자는 독서가이다."라고 말했다.

서 문

그 소년은 급히 어머니에게 펜과 종이를 달라고 했다. 그러더니 탁자 쪽으로 숙여 가능한 빨리 받아 적었다. 소년은 강연이 끝날 때까지 단 한 번도 멈추지 않았다. 마법과 같은 인식의 순간이 찾아왔던 것이다. 소년은 짐 론의 생각에서 뿜어나오는 밝은 빛을 보았다. 그 생각이 진실임을 안 것은 자기마음과 가슴에서 이미 그 생각을 알고 있었고 그 빛을 통해 자신이 누구인지를 보았기 때문이다.

나는 오랫동안 짐 론의 〈풍요로운 삶을 위하여〉를 기다려왔다. 얼마나 소중하고 빛나는 보물인가! 장담건대 이 책은 당신이 안 된다고 못 박아 두었던 성공의 문들을 열어보일 것이다. 책장을 넘겨라. 짐은 당신을 위해 불을 켜두었다.

도티 월터스(월터스 국제연설가국 대표,
〈내가 본 가장 위대한 연설가〉의 저자)

들어가기 전에

언어 덕분에 우리는 자신의 마음 속에서 다른 사람의 마음 속으로 생각을 전할 수 있다. 언어에는 역사를 바꾸고 과거를 묘사하고 현재를 의미있게 하고 실체화하는 힘이 있다.

마음 속에 담긴 말은 화가의 팔레트 위에 담긴 색(色)과 같다. 더 많은 색을 쓸수록, 더 매혹적인 그림을 캔버스에 그릴 수 있으며 그 많은 색을 적절히 독특하게 사용하는 연습을 하면 할수록, 걸작(傑作)을 창조할 가능성은 더 높아진다.

"영어라는 언어를 체계화해 전쟁터에 내보냈다"라는 윈스턴 처칠의 말이 전해오고 있다. 독특한 어휘 선택과 그 어휘에 담긴 집중력이 난세 영국인 마음의 연료가 되고 흔들리는 영혼에 불을 다시 붙이고 새로운 결의를 다지게 했다. 이 비범한 남자의 힘이 넘치는 웅변이 아니었다면, 역사는 우리 모두에게 상당히 다른 현실을 남겨 주었으리라.

자기표현 기술을 완성하는 것이 중요한 데는 여러 가지 이유가 있다. 삶의 질은 궁극적으로 설득력과 의사전달 능력에 크게 좌우된다.

들어가기 전에

효율적인 의사소통은 중대한 도전이다. 엉성한 접근은 안 된다. 차라리 다른 사람에게 영향을 주는 능력을 연습하라는, 인생이 주는 모든 기회를 활용해야 한다.

나는 다른 사람과 생각을 나누는 일을 30년 간 한 후에도 여전히 훌륭한 말이 지닌 위대한 힘에 매우 놀라고 있다. 나의 모든 삶이 완전히 바뀌게 된 것은 내 안에서 볼 수 없었던 뭔가를 발견했던 한 사람이 내게 영감과 용기를 준 말 때문이었다. 그것이 결국 우리가 다른 사람의 삶에 공헌할 수 있는 가장 큰 일이다 - 새로운 희망을 품고 새로운 감정을 느끼며 새로운 가능성을 보여주는 일.

이 책은 수년 간 내가 기록하고 강연했던 것을 모은 것이다. 그러나 이 표현들의 독창성은 대부분 나의 공(功)이 아니다. 인생과 사업에 대해 내가 얻은 모든 지혜는 고대의 생각을 새롭게 표현하는 법을 찾아내라고 내게 동기부여를 해준 다른 사람들의 풍성한 생각들로 잔치를 벌인 결과일 뿐이다.

들어가기 전에

　책장을 넘기는 동안 독자들이 일어나 전진하도록 자극을 줄 말을 만나길 바란다. 죽어가던 한 어머니가 아들에게 했던 세 마디에 소년의 인생과 그 나라의 운명은 극적으로 변했다. "뭔가가 되어라, 에비" 이 말에 일리노이에서 온 어린소년은 큰 영감을 받고 훗날 미국의 제16대 대통령에 오르게 된다.

　지금 독자가 있는 곳에서 가고자 하는 곳에 가고, 되고자 하는 사람이 되는 여행이 되길 바란다.

　놀랍고도 잊혀지지 않을 인생을 살아가기를…

－ 짐 론

목차

추천의 글　6
헌정사　12
감사의 글　13
서문　16
들어가기 전에　20
저자에 대하여　26
풍요로운 삶을 위하여　27

활동 / 노력　29
요청 / 믿음 / 결심　30
기초 / 근본　31
책 / 도서관 / 독서　32
경력 / 시장　34
변화 / 선택 / 결정　36
의사소통 / 설득　38
집중력　42
토론　43
갈망 / 동기　44
수행(修行)　45
지식과 교육　47
감정　49
공감 / 마음 씀　50
기업정신　51
경험　52
실패　53
매혹당함　54
두려움 / 의심 / 부정성(否定性)　55
재력 / 부(富)　56
경제적 자립　57
베품 / 나눔 / 관용　59
목표 / 목표 설정　61
정부　63

Contents

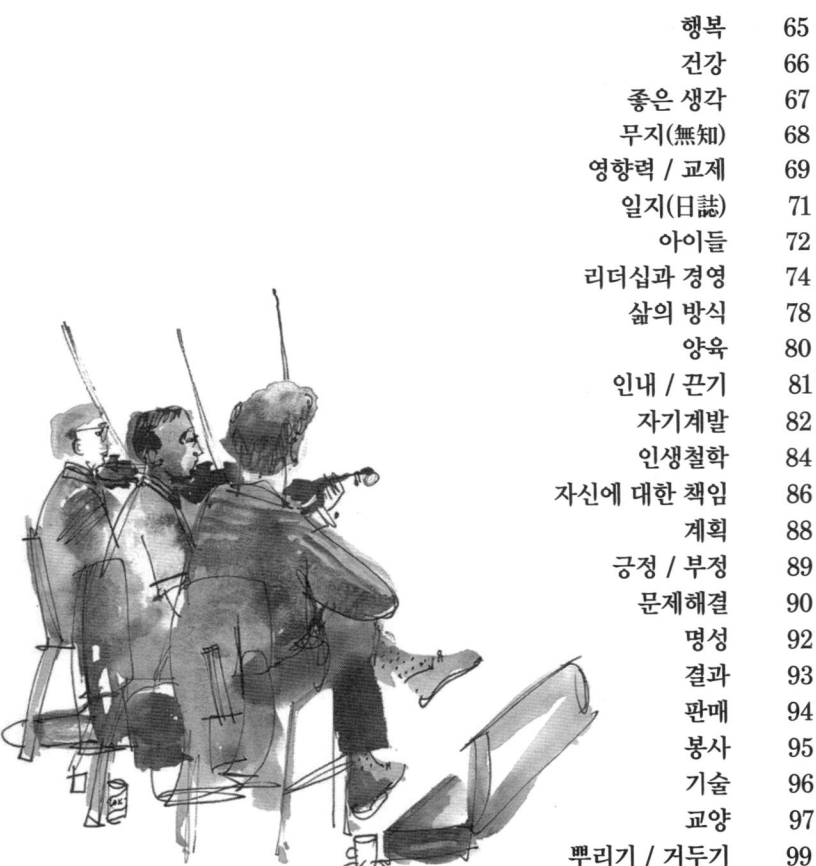

행복	65
건강	66
좋은 생각	67
무지(無知)	68
영향력 / 교제	69
일지(日誌)	71
아이들	72
리더십과 경영	74
삶의 방식	78
양육	80
인내 / 끈기	81
자기계발	82
인생철학	84
자신에 대한 책임	86
계획	88
긍정 / 부정	89
문제해결	90
명성	92
결과	93
판매	94
봉사	95
기술	96
교양	97
뿌리기 / 거두기	99

Contents

책무(責務)	100
학생	101
성공	102
시간관리	103
진실	105
가치	106
말 / 어휘력	107
깨달은 이기주의(利己主義)	108
선(善)과 악(惡) I	109
선(善)과 악(惡) II	110
성공은 쉽다	111
동기부여	112
소홀함	113
활동성	114
인간관계	115
10대(代)를 위한 재정적 자립	116
내 인생이 어떻게 바뀔까	117
변화의 과정	118
봄(春)	119
핵심적인 이유들	120
미국	123

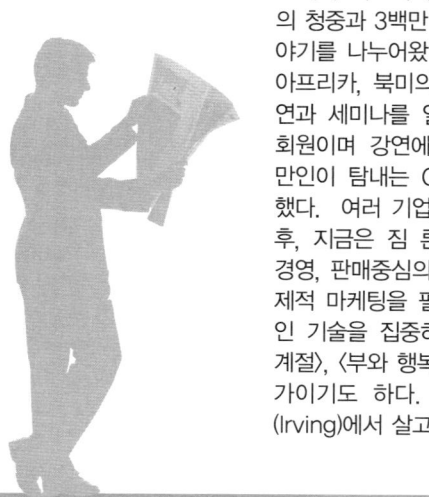

미국 최고의 성공철학가인 짐 론은 5,000명의 청중과 3백만 명 이상의 대중과 영감어린 이야기를 나누어왔다. 저자는 유럽, 아시아, 호주, 아프리카, 북미의 주요 도시를 두루 다니며 강연과 세미나를 열어왔다. 또한 전국연설가협회 회원이며 강연에서 뛰어난 성공과 전문성으로 만인이 탐내는 CPAE상을 1985년 수상하기도 했다. 여러 기업의 경영자로 부와 명성을 쌓은 후, 지금은 짐 론 인터내셔널이라는 자기계발, 경영, 판매중심의 세미나와 연수 프로그램의 국제적 마케팅을 펼치는 다각화된 기업에 창의적인 기술을 집중하고 있다. 베스트셀러 〈인생의 계절〉, 〈부와 행복을 위한 일곱 가지 전략〉의 작가이기도 하다. 현재 텍사스(Texas)주 어빙(Irving)에서 살고 있다.

풍요로운 삶을 위하여
The Treasury of Quotes

활동 / 노력

우리는 지혜와 열정을 노력으로 바꾸는 법을 터득해야 한다.

삶은 필요에 따라 주어지는 것이 아니라 노력의 대가로 주어진다. 그렇기 때문에 '필요하면 거두리라'가 아니라 '뿌린 대로 거두리라'가 되는 것이다. 사람들은 말한다. "나는 정말로 열매가 필요해" 그렇다면 당연히 씨를 뿌려라!

씨앗과 흙의 기적은 인정이 아닌 오직 노력으로만 이루어질 수 있다. '흙은 낫을 들고 오지 말고 씨앗을 들고 오라 한다.'

휴식을 목적이 아닌 수단으로 여겨라. 원기 회복이 될 만큼만 휴식을 취하라.

끊임없이 활동하지 않으면, 인생의 위협들이 곧 가치있는 것들을 압도하리라.

행동하는 소수는 방관하는 다수에게 선망의 대상이 된다.

약속은 할 때마다 그에 따르는 대가(代價)가 있다.

요청 / 믿음 / 결심

요청하는 것은 원하는 것을 얻는 시작이다. 티 스푼을 가지고 바다에 나가지 말라. 적어도 양동이는 가져가야 아이들에게 놀림감이 되지 않는다.

이미 가지고 있는 것에 감사하는 것은 더 많이 받기 위한 가장 훌륭한 기회이다. 감사하면 곧 기회의 문이 열리고 아이디어가 흘러 들어온다.

결단력은 "난 하겠다"라고 한다. 남자는 "이 산을 오르겠다. 사람들은 너무 높고, 너무 멀고, 너무 가파르고, 너무 험난하고, 너무 어렵다고 한다. 그러나 이건 내가 올라가야 할 산이다. 난 오를 것이다. 곧 내가 정상에서 손 흔드는 모습을 보든가 아니면 올라가다가 떨어져 한쪽편에 죽어 있는 나를 보게 될 것이다"라고 말한다.

비범한 일을 기꺼이 행하지 않는다면 평범에 안주할 수밖에 없게 된다.

위험을 무릅써야만이 얼마나 멀리 갈 수 있는지를 알 수 있다

기초 / 근본

성공은 마법도 신비도 아니다. 성공이란 기본 원칙을 쉬지 않고 적용해 자연스럽게 생기는 결과이다.

새로운 원칙이란 없다. "새로운 원칙을 찾았다."라고 말하는 사람은 좀 의심해볼 필요가 있다. 그는 마치 골동품 공장 견학을 초청하는 사람과 같다.

어떤 일들은 매일 하지 않으면 안 된다. 사과를 하루에 하나씩 먹지 않고 일요일 저녁에 일곱 개를 먹어봐야 안 되는 법이다.

일이 쉬웠더라면 하고 바라지 말고 스스로 더 유능했더라면 하고 바라라. 문제가 적었더라면 하고 바라지 말고 솜씨가 더 좋았더라면 하고 바라라. 어려움이 없었더라면 하고 바라지 말고 더 현명했더라면 하고 바라라.

성공이란 단순한 몇 가지 자기연마를 매일 실천하는 것 뿐이며 실패란 몇 가지 판단착오가 매일 반복되는 것에 지나지 않는다. 자기연마와 판단이 쌓인 무게가 성공 또는 실패로 우리를 인도한다.

책 / 도서관 / 독서

더 나은 미래와 성공을 위해 필요한 것은 이미 모두 기록되어 있다. 혹시 아는가? 그 모든 것을 볼 수 있음을. 도서관에 가면 된다. 미국시민의 3%만이 도서관 카드를 가지고 있다는 사실이 믿어지는가. 와, 굉장히 비싼 게 틀림없구나! 아니, 무료다. 동네마다 도서관 하나씩은 있을 것이다. 단 3%라니!

어쩔수 없이 끼니를 거를지언정 책읽기를 걸러서는 안 된다.

어떤 사람은 가끔 가치있는 좋은 내용도 있으니까 난잡한 소설을 읽어도 괜찮다고 한다. 물론 오래 찾다보면 쓰레기통에서 빵조각을 발견할 수도 있지만 더 좋은 방법도 있다.

어떤 사람은 독서량이 너무 적어 마음의 골다공증(骨多孔症)에 걸리게 된다.

문제는 책의 가격이 아니라 그 책을 읽지 않아 치르게 될 대가다.

책 / 도서관 / 독서

   나는 이제 더 좋은 서재가 생겼다. 그곳의 모든 책을 다 읽지는 않았지만 거기서 걸어다니기만 해도 더 총명해지는 느낌이다.

   책은 찾기도 쉽고 구입하기도 쉽다. 보급판은 겨우 7천~8천 원이다. 그 정도는 아이들에게도 빌릴 수 있다!

   쉬운 것만 읽지 말라. 재미있을진 몰라도 결코 성장하지 않는다.

   읽지 않은 책은 도움이 안 된다.

경력 / 시장

아버지는 항상 미래를 위한 투자로 받는 것보다 더 많이 일하라고 가르치셨다.

6주를 일하든, 6개월을 일하든, 6년을 일하든, 항상 시작할 때보다는 잘되어서 떠나라.

시장에는 자신의 처지를 말하지 말고 자신의 기술이 무엇인가를 보여주어야 한다. 건강이 나쁘면 의사를 찾아야지 시장에서 하소연할 일이 아니다. 돈이 필요하면 시장으로 가지 말고 은행으로 가라.

우리는 시장에 가치를 만들어 냄으로써 돈을 번다. 시장에 가치를 만들어 내려면 시간이 필요하지만 우리는 시간이 아닌 가치로 돈을 번다.

임금 인상을 위한 파업에서 가장 큰 문제는 바로 이것이다. "요구하는 것으로는 부자가 될 수 없다."

경력 / 시장

물건을 팔면 생계를 유지할 수 있다. 반면에 소비자에게 훌륭한 서비스와 시간을 투자하면, 큰돈을 벌 수 있다.

자신의 사업이나 직업에서 뭔가를 얻으려고만 하지 말고 그를 통해 당신 자신이 무언가 되도록 하여라.

가정교육의 부족은 학교뿐만 아니라 시장에서도 드러난다.

시장에서는 시작한 곳에 머물 필요가 없다.

자신의 일을 즐기는 자의 최악의 날은 자신의 일을 즐기지 못 하는 자의 최고의 날보다 낫다.

잘 보살핀 고객 한 사람은 만불짜리 광고보다 더 값어치가 있다.

변화 / 선택 / 결정

나는 "분명히 앞으로 달라질 거야."라고 말하곤 했다. 그러다, 달라질 유일한 방법은 '내가 바뀌는 것'임을 깨달았다.

"할 수 있었다면 했을 거야"라고 말하지 말라. "할 수 있다면 해야지"라고 말하라.

때로는 어느쪽 담장에서 뛰어내리는가는 문제가 되지 않는다. 가장 중요한 점은 뛰어내린다는 사실이다! 결정하지 않으면 발전할 수 없다.

우리가 스스로를 변화시키게 되는 계기는 대개 영감을 받았거나 절망을 겪었기 때문이다.

현재 상황이 마음에 들지 않으면 바꿔라! 당신은 나무가 아니다.

변화 / 선택 / 결정

인생의 방향을 바꾸는 가장 좋은 방법 중 하나는 마음 속의 '해야 할 일' 목록에 나타나는 것은 무엇이든지 하는 것이다.

우유부단(優柔不斷)은 기회를 빼앗아간다.

인간을 제외한 모든 생명체는 최상의 노력을 기울이는 것 같다. 나무 한 그루가 얼마나 자랄까? 최대한 높이 자란다.

반면, 인간에게는 존엄한 선택권이 주어졌다. 당신은 전부가 되거나 아니면 더 못될 권리가 있다. 가능한 최대한 도전해 자신이 할 수 있는 모든 것을 왜 보지 않는가?

하룻밤에 목적지를 바꾸지는 못 해도 방향은 바꿀 수 있다.

결정은 때로 내면의 내전처럼 느껴진다.

의사소통 / 설득

효율적인 의사소통의 목적은 듣는 사람이 "그래서 뭐?"가 아니라 "맞아, 맞아!"라고 하는 것이다.

감동시키는 법이 아닌 표현하는 법을 배워라.

방대한 부분에 대한 이야기보다 그 이야기를 하는 방식이 중요하다.

발표할 때 논리와 이유는 간결히 하라. 자동차 한 대에 대한 내용은 1천 가지도 넘지만 결정하기 위해 모두 필요한 것은 아니다. 5~6가지면 결정할 수 있다.

과장하기보다는 낮추어 말하는 것이 낫다. 약속한 것보다 낫고 말한 것보다 쉽다는 사실에 사람들이 놀라게 하라.

일반적인 의사소통으로 그럭저럭 살아갈 수 있다. 그러나 솜씨있게 이야기할 수 있다면 기적을 이룰 수 있다.

의사소통 / 설득

 효율적인 의사소통이 되도록 간결히 하라. 예수는 "나를 따르라"라고 말씀하셨다. 간결하지 않은가! 그가 간결하게 말할 수 있었던 것은 말할 필요가 없는 그의 존재 때문이었다.

 우리가 알지 못하는 것을 말할 수는 없다. 우리가 느끼지 못하는 것을 나눌 수도 없다. 우리가 가지지 않은 것을 바꿀 수도 없다. 우리가 소유하지 않은 것을 줄 수도 없다. 무언가를 주고 나누고 효율적이기 위해서는 먼저 그것을 가지고 있어야 한다. 훌륭한 의사소통은 완벽한 준비에서 시작된다.

 효율적인 의사소통은 20%가 자신이 아는 것이고 80%가 그것에 대한 느낌이다.

 상대가 던진 말이 자신이 알고 있는 내용의 빙산의 일각일 때, 그 힘은 대단하다.

의사소통 / 설득

　의사소통만 간신히 한다면, 겨우 해낼 것이다. 그러나 능숙한 의사소통을 한다면, 기적 같은 일도 해낼 수 있다.

　예의와 동의를 혼동하지 말라.

　말을 할 때 주의하지 않으면 실수하기 쉽다. "당신을 괴롭히는 것이 무엇입니까?"라고 말하려는데 "당신 문제가 무엇입니까?"라고 한다면, 어떻게 되겠는가?

　참다운 설득은 모든 말에 더욱 몰입할 때 이루어진다. 말은 영향을 미친다. 감정이 실린 말은 굉장한 영향을 미친다.

　외부 사람과 대화할 때, 은어(隱語)를 쓰지 않도록 하라.

의사소통 / 설득

　의사소통 기술을 연마할 모든 기회를 활용하면, 중요한 시점에서 재능, 말씨, 예리함, 명료함, 감정 등으로 다른 사람에게 영향을 미치게 될 것이다.

　의사소통이란 다른 사람에게 언어로 영향을 미치는 능력이다.

　더 많이 알수록, 더 적게 말해도 된다.

　다른 사람의 훌륭한 말을 빌리는 것을 두려워 말라. 윈스턴 처칠은 "진리는 논쟁의 여지가 없다. 악의가 그를 공격하고 무지가 비웃을지 몰라도 결국 진리는 존재한다."라고 했다. 매우 훌륭한 말이다. 밤새워도 그에 대해 생각할 여지가 없다.

집중력

집중력이라는 주제에 대해 들었던 가장 훌륭한 조언은 이것이다. 어디에 있든 그곳에 존재하라.

일할 때는 일하라. 놀 때는 놀아라. 두 가지를 섞지 말라.

무엇을 하든, 누구와 있든, 관심이라는 선물을 주어라.

일하러 가는 길에는 길에 집중하라 – 일에 집중하지 말고.

집중하라. 왔다갔다 하면서 하루를 보내지 말라.

토론

토론에서 좋은 아이디어가 걸러진다. 그래서 국회는 두 개의 다수 정당을 두는 것이다. 어떤 사람이 "국가를 위한 좋은 의견이 있소."라고 말한다. 우리는 "좋습니다! 안건을 올립시다. 토론합시다."라고 말한다. 그리고 이 좋은 의견이 있는 사람에게 질문하는 것으로 토론을 시작한다. 세 번째 질문이 끝나자 그는 말한다. "내 생각을 철회하겠소. 세 가지 질문이 뭔지도 잊어버렸소."

새로운 생각에 대해 토론할 시간은 충분하다. 핵심은 먼저 주의 깊게 기록해두고 토론은 나중에 하는 것이다.

항상 논쟁의 양면을 보기 위해 노력하라. 상대방을 이해하는 것은 자신의 생각을 강하게 하는 가장 훌륭한 방법이다.

우리는 아이들에게 인생의 중대한 문제들에 대해 토론하는 법을 가르쳐야 한다. 토론을 통해 자신의 믿음을 강하게 하고 만나게 되는 관념으로부터 자신을 변호할 수 있기 때문이다.

갈망 / 동기

인류에게는 반드시 가져야만 하는 것을 정확히 얻어내는 놀라운 능력이 있다. 그러나 '필수'와 '욕구'는 차이가 있다.

최상의 동기부여는 자기 동기부여이다. 어떤 사람은 "누군가 나타나 내게 계기를 준다면"이라고 말한다. 그런데 그런 사람이 나타나지 않으면 어쩔건가? 우리는 인생을 위해 더 나은 계획을 세워야 한다…

원하는 바를 알고 절실히 갈망한다면, 성취할 방법을 찾을 것이다.

동기부여만으로는 충분치 않다. 어떤 바보에게 동기부여를 한다면, 동기 부여된 바보를 만드는 꼴이다.

얻고자 한다면 찾아다녀야 한다. 훌륭한 아이디어는 길을 막는 법이 없다.

절실함이 없는 갈망은 그 가치를 잃는다.

수행(修行)

수행이란 목표와 성취를 연결하는 다리다.

인간은 두 가지 고통 중 한 가지를 반드시 받는다. 수행의 고통 또는 후회의 고통. 차이는 수행이 수십 그램이 나가는 반면, 후회는 수 톤이나 나간다는 것이다.

하나의 수행은 항상 또 다른 수행으로 이어진다.

수행하지 않고 확언하는 것은 곧 환상의 시작이다.

상당한 차이를 내기 위해 많이 바꿀 필요는 없다. 몇 가지 간단한 수행을 통해 다음 90일 간의 삶에 중대한 영향을 미칠 수 있으니 1년이나 3년은 말할 것도 없다.

수행(修行)

수행에서 가장 사소한 부족함은 자긍심을 좀먹기 시작한다.

모든 수행은 서로 영향을 미친다. 어떤 사람은 착각하면서 "난 이 부분만 유일하게 느슨해"라고 말한다. 옳지 않다. 모든 느슨함은 나머지에 영향을 미친다. 그렇지 않다고 생각한다면, 순진한 것이다.

수행은 모든 성공이 만들어지는 기반이다. 수행이 부족하면, 반드시 실패한다.

수행의 내면에는 미래의 기적에 대한 가능성이 잠재되어 있다.

새로운 수행을 시작할 가장 좋은 시기는 그에 대한 생각이 강할 때다.

지식과 교육

  정규교육은 생계를 유지해 주지만 자기교육은 부(富)를 가져다줄 것이다.

  아는 바를 모두 적용하는 법을 터득해야만 원하는 모든 바를 얻을 수 있다.

  배움은 부의 시작이다. 배움은 건강의 시작이다. 배움은 영성의 시작이다. 탐구하고 배우는 것은 모든 기적의 과정이 시작되는 것이다.

  누군가 엉뚱한 길을 가고 있을때, 속도를 내라고 다그치는 것은 무의미한 일이다. 그에게 필요한 것은 교육을 통해 방향을 전환하도록 깨우쳐 주는 것이다.

  마음을 그 이상으로 보지 말아야 하지만 그 모든 가능성을 잘못 읽지는 말라.

  잃지 않는 책은 무용지물이다.

  책을 잃지 않는 사람은 정신에 곰팡이가 슬게 된다.

  끼니는 거르더라도 책은 거르지 마라.

지식과 교육

다음 두 가지 중요한 주제, 삶과 인간에 대한 관심을 예리하게 다듬어라. 관심이 있어야만 어떤 근원에서 정보를 얻을 수 있을 것이다.

교육은 동기부여보다 선행되어야 한다.

학교에 다닐 때는 지식을 분명히 얻도록 하라. 그 정보에 대한 생각은 본인에게 달려 있다. 그것으로 할 일도 본인이 정할 것이다. 학교에 있는 동안 확실히 지식을 얻도록 하라. 사실 내가 해주고 싶은 조언은 이것이다 – 지식 없이는 학교를 떠나지 말라!

자신의 교육에 쓰는 돈은 결코 아끼지 말라.

자기교육 곡선을 높이면, 사용할 것 이상의 해답들이 떠오를 것이다.

모르는 건 약이 아니라 병이다. 무지는 빈곤이고 파멸이다.

모든 문제는 무지로부터 비롯된다.

감정

감정은 주인에 따라 섬기기도, 주인노릇을 하기도 한다.

감정도 지성(知性)처럼 교육받아야 한다. 느끼는 법, 반응법, 삶이 끼어들어 당신에게 영향을 주는 법 등을 아는 것은 중요하다.

문명이란 인간의 감정을 지혜롭게 다스리는 것이다.

자신의 감정을 측정하라. 사소한 일에 원자폭탄을 쓸 필요는 없다.

여성들에게는 감정적인 신호를 감지하는 놀라운 능력이 있다. 예를 들어, 양의 옷을 입는 법을 터득한, 매우 똑똑한 늑대가 있다고 하자. 남자는 "양 같은데, 말투도 그렇고."라고 하지만 여자는 "양은 무슨!"이라며 콧방귀를 뀐다.

공감 / 마음 씀

문제에는 경멸을 보이고 사람에게는 관심을 보여라.

다른 사람의 곤경에 민감하라. 승리감뿐만 아니라 패배감에 대해서도, 성공뿐만 아니라 실패에 대해서도 알아야 한다.

12세와 40세를 연결하는 다리를 만드는 방법은? 기억.

모든 사람에게 줄 수 있는 가장 위대한 선물 중 하나는 관심이다.

더 많이 마음을 쓸수록, 더 강해질 수 있다.

가슴을 도끼로 수술하지 말라.

기업정신

모험은 안일함보다 낫다.

이윤은 품삯보다 낫다. 품삯으로는 생계를 유지하지만 이윤으로는 부를 얻는다.

인류에게는 무(無)를 유(有)로 바꾸는 놀라운 능력이 있다. 인간은 잡초를 정원으로, 푼돈을 재산으로 바꿀 수 있다.

이득을 본다는 말은 뭔가에 손을 대 떠날 때는 처음보다 나아야 한다는 뜻이다.

모험은 미래의 희망이다.

경험

시간을 들여 과거를 정리해보면 경험으로부터 이끌어 낼 수 있으며 이 경험을 미래에 투자할 수 있을 것이다.

경험으로부터 배우는 데 시간을 너무 많이 쓰지 말라. 지난 10년 간 제대로 못 했다면, 그만하면 충분하다고 말해주고 싶다!

삶은 단지 시간의 흐름이 아니다. 삶은 경험의 강도(强度)와 경험의 수집물이다.

과거를 학교가 아닌 짐으로 지고 다니기 쉽다. 과거가 당신을 교육하기보다 압도하기 쉽다.

각각의 새로운 경험을 할 때마다 해면처럼 되어라. 경험을 잘 표현하는 능력을 원한다면, 우선 우수한 흡수력이 있어야 한다.

실패

재앙을 만드는 공식은 "~할 수도 있었는데" + "~했어야 했는데" + "~하지 않을 거야"

실패는 한 번에 일어나는 격렬한 사건이 아니다. 하룻밤에 실패하는 것이 아니다. 오히려 실패란 몇 가지 판단착오가 매일 반복되어 일어나는 것이다.

인생에 가벼이 접근하지 말라.

가벼움은 무서운 사고로 이어진다.

실패한 사람들이 강연을 하지 않는다는 점은 정말 안타깝다. 그런 강연은 가치있지 않겠는가? 40년 간 인생을 망친 누군가를 만나면, 이렇게 물어보라. "존, 내 일지(日誌)도 가져가고 잘 기록하겠다는 약속도 할 테니 내게 하루만 시간을 내주겠나?"

불가피함이란 나이아가라(Niagara) 폭포에서 100보 떨어진 곳에서 동력도 노도 없는 조그만 배 안에 있는 경우다.

매혹당함

매혹당하는 것은 관심보다 한 단계 발전한 것이다. 관심있는 사람은 어떻게 될지 궁금해한다. 매혹당한 사람은 그 방법을 배우고자 한다.

좌절을 매혹당하는 것으로 바꾸는 법을 터득하라. 인생에서 좌절하기보다는 매혹당함으로써 더 많은 것을 배우게 될 것이다.

나는 45분 후 출발 예정인 비행기를 타기 위해 공항으로 가는 중이다. 차는 움직이지 않는다. 나는 지금 매혹되었다 – 좌절한 것이 아니라 매혹된 것이다. 그러나 그것이 항상 통하지는 않는다는 점은 인정한다.

아이들처럼 삶과 인간에 매혹당하라.

두려움 / 의심 / 부정성(否定性)

 우리는 모두 끊임없는 타락의 손길에 저항해 격렬하고 기나긴 전투를 벌이지 않으면 안 된다. 긴장을 풀면, 부정성이라는 벌레와 잡초들이 정원에 침범해 가치있는 모든 것을 빼앗아갈 것이다.

 겸양은 미덕이나 소심은 병이다.

 5분 동안 불평한다면, 당신은 그 시간만큼 낭비한 셈이다. 그래도 계속 불평한다면, 머지않아 경제적 사막으로 끌려나가 거기서 후회라는 먼지에 질식할 것이다.

 정원의 잡초를 제거하는 데 온순한 방법을 쓸 수는 없다. 잡초를 미워하고 죽일 정도가 되어야 한다. 잡초는 길들일 것이 아니라 없애버려야 한다.

 소극적인 자기 보존은 궁핍으로 이어지기 쉽다.

재력 / 부(富)

부자와 가난한 사람의 철학은 다음과 같다. 부자는 투자하고 남은 돈을 쓰는 반면, 가난한 자는 쓰고 남은 돈을 투자한다.

나는 "물건값이 너무 비싸"라고 말하곤 했다. 그러자 선생님은 "문제는 물건값이 비싸다는 것이 아니라 네가 그것을 살 수 없다는 것이다"라고 일러 주셨다. 바로 그때 문제는 '그것'이 아니라 '나'라는 사실을 깨닫게 되었다!

우리 모두는 다양한 생계유지법을 알고 있다. 더 매력적인 것은 부(富)를 만드는 법을 알아내는 것이다.

성서에는 부자가 하늘나라에 들어가기가 어렵다고 되어 있지 불가능하다고 되어 있진 않다!

경제적 자립

경제적으로 자립하려면 반드시 수입의 일부를 자본으로 바꾸고 자본을 사업으로 바꾸고 사업을 이윤으로 바꾸고 이윤을 투자로 바꾸고 투자를 경제적 자립으로 바꿔야 한다.

우리가 이 사회로부터 받은 유산 중 하나는 바로 경제적 자립의 기회다.

퇴직할 나이가 될 때가지 재정적으로 자립하지 못하였다면 그것은 잘못된 나라나 시대에 살고 있음을 뜻하는 것은 아니다. 그것은 단지 여러분이 잘못된 계획을 세웠음을 뜻하는 것이다.

나의 조언자에게 "돈이 더 있었더라면, 더 좋은 계획을 세울 수 있었을 겁니다."라고 말한 적이 있다. 그는 곧바로 "더 좋은 계획이 있었더라면, 돈을 더 많이 벌었을 거라고 말해주고 싶군요."라고 대답했다. 알겠는가, 중요한 것은 양이 아니라 계획이다.

경제적 자립

현재 당신이 자신의 경제계획을 내게 보여준다면, 내가 상당한 흥미를 느껴 강연을 하러 바다를 건너 그곳에 가리라 보는가? 아니라면, 다음 질문에 답해보라. 왜 그런가? 자신이 원하는 곳으로 갈 수 있는 더 좋은 경제계획을 세우지 않는 이유가 무엇인가?

경제적 자립이란 자신의 개인자원에서 생기는 소득으로 살아가는 능력이다.

나의 조언자를 만난 지 얼마 안 되었을 때, 그는 내게 물었다. "론 선생, 지난 6년 간 투자액은 얼마나 됩니까?" 나는 "없습니다."라고 대답했다. 그러자 그가 말하길, "그 계획을 판 사람이 도대체 누구죠?"

돈을 쓰는 사람보다 빌려주는 사람이 되는 게 낫다.

베품 / 나눔 / 관용

액수가 적을 때 관용을 베푸는 훈련을 시작하는 게 좋다. 1,000원에서 100원을 주기는 쉬우나 10억에서 1억을 주기는 어렵다.

주는 것이 받는 것보다 나은 까닭은 주는 데서 받는 과정이 시작되기 때문이다.

관용보다 인격을 더 잘 가르치는 것은 없다.

다른 사람들과 생각을 나누는 것이 재미있는 이유는 이렇다. 열 명이 새로운 아이디어를 공유한다면, 그들은 각자 한 번씩 듣게 되지만 당신은 열 번을 듣게 된다.

나눔으로써 현재의 자신보다 더 커지게 된다. 더 많이 퍼줄수록, 삶은 더 많이 부어줄 것이다.

베품 / 나눔 / 관용

어떤 사람은 "글쎄, 난 다른 사람들에게 신경쓸 수가 없어. 내가 할 수 있는 일이라곤 나 자신을 돌보는 거야"라고 말한다. 글쎄, 그렇다면 항상 가난할 수밖에.

베푸는 것은 미래의 어떤 시점에서 몇 배가 되어 당신에게 되돌아올 투자가 된다.

누군가 나눠 가질 때, 모두가 승리한다.

베품의 양은 중요하지 않다. 중요한 것은 당신의 삶에서 그 양이 나타내는 것이다.

베품을 통해서만 지금보다 더 많이 받을 수 있다.

목표 / 목표 설정

목표!

목표로 영감을 얻을 때는 무엇을 할 수 있는지 논할 필요가 없다. 목표를 믿고 있을 때는 무엇을 어떻게 할 수 있는지 논할 필요가 없다. 목표를 향해 노력할 때는 무슨 일이 일어날지 논할 필요가 없다.

당신이 목표를 향해 노력한다면, 목표가 당신을 위해 노력할 것이다. 계획에 따라 노력한다면, 계획이 당신을 위해 노력할 것이다. 우리가 만들어내는 모든 좋은 일은 결국 우리를 만들어낸다.

목표를 너무 낮게 잡지 말라. 큰것이 필요 없다면, 큰사람이 되지 않는다.

우리 모두에게는 두 가지 선택이 있다. 되는대로 살아갈 것인가 아니면 계획대로 살아갈 것인가.

장기적이고 강력한 목표를 세워 놓으면 단기적인 장애물은 쉽게 지나갈 수 있다.

목표 / 목표 설정

목표 설정이 중요한 이유는 "그 목표 달성을 위해 어떤 사람이 되어야 하는가" 때문이다. 목표로 인해 어떤 사람이 되는가는 무엇을 얻는가보다 훨씬 중요한 법이다.

목표 설정의 궁극적인 이유는 그 성취에 필요한 존재가 되도록 우리를 끌어들이는 것이다.

앤드류 카네기가 세상을 떠났을 때, 사람들은 그가 인생의 중요한 한 가지 목표를 기록해 두었던 쪽지를 발견했다. "인생의 절반은 돈을 모으는 데 쓰고 나머지는 모두 나눠주는 데 쓴다."

사람들이 고달픈 나날을 보내는 이유는 그들에게 오직 시간만 있기 때문이다. 그들은 미래를 설계하거나 묘사하거나 정의해보지 않았다.

우리가 장차 성찬에서 맛볼 수 있는 것을 눈앞의 입맛 때문에 날려버리는 일이 없도록 주의해야 한다.

희망이 보이면 희생도 달게 느껴진다.

정부

 약자들을 강하게 만들려다 강자들을 약하게 만든다면, 위험할 수도 있다.

 세계에서 가장 자유로운 문서 중 하나는 바로 미국 독립선언서다. 세계에서 가장 보수적인 문서 중 하나는 미국 헌법이다. 나라를 세우기 위해서는 두 가지가 모두 필요하다. 시작하기 위해서는 자유가 필요하고 세월을 거치면서 그 구조를 유지하기 위해서는 보수적인 것이 필요하다.

 당신을 보살펴주겠다는 사람들을 경계하지 않으면, 그가 당신을 구속하게 될지도 모른다.

 세금은 우리가 자유와 민주주의와 기업이라는 황금알을 낳는 거위를 먹여 살리는 방법이다. 어떤 사람은 "하지만 그 거위는 너무 많이 먹어"라고 말한다. 맞는 말이다. 하지만 없는 것보다는 뚱뚱한 거위라도 있는 것이 낫다!

정부

전제정치의 입에 맞지 않는 것은 없다.

정부에서 만드는 쿠키를 먹어본 적이 있는가? 시장을 번창시키는 진정한 재능은 정부가 아닌 국민들의 재능에서 나온다.

어느 고대(古代) 문서는 "자기 정신도 못 다스리는 자에게 도시를 맡기겠는가?"라고 묻고 있다. 때로 우리는 맡긴다.

정부 업무나 세금 사용처를 당신 인생의 기반으로 삼을 수는 없다. 현명하게 투표하고 그후는 자신의 길을 계획해야 한다. 현명하게 투표하고 그후는 자신의 삶을 책임져야 한다.

정부도 덩치를 줄여야 하지만 우리도 그렇지 않은가? 뚱보가 뚱보를 흉봐서는 안 된다.

행복

지금 가진 것으로 행복해지는 법을 배우는 동시에 자신이 원하는 모든 바를 추구하라.

행복이란 하나의 사건이 아니다. 기원하는 것도 아니다. 행복이란 설계하는 것이다.

돈은 있으면서 즐거움이 없는 아버지를 본다는 것은 얼마나 슬픈 일인가. 경제학은 공부했지만 행복학은 공부하지 못한 것이다.

불행의 가장 큰 씨앗은 내면에서 생긴다.

행복은 자신이 가진 데서 즐거움을 끌어내는 법을 터득하는 기술이다.

행복은 뒤로 미룰 것이 아니라 지금 당장 설계해야 하는 것이다.

건강

어떤 사람은 단지 몸이 안 좋아 잘해내지 못 한다.

어떤 사람은 자신보다 애완동물을 더 보살핀다. 애완동물은 바람처럼 달리는데 정작 자신은 몇 계단도 못 올라간다.

외형이 내면을 잘 반영하도록 하라.

신체를 오두막이 아닌 사원처럼 보살펴라. 마음과 몸은 함께 일한다. 신체는 마음과 영혼을 지탱하는 훌륭한 체계를 갖추어야 한다. 몸을 잘 보살피면, 원하는 곳이 어디든 그곳으로 가는 데 필요한 힘과 체력과 에너지와 생명력으로 당신을 데려가 줄 것이다.

몸을 잘 보살펴라. 그곳은 당신의 유일한 집이다.

좋은 생각

찾고 싶다면, 찾아나서야 한다. 갑자기 좋은 생각이 떠오르는 경우는 거의 없다.

좋은 생각은 인생을 바꾸기도 한다. 때로는 문을 열기 위해 필요한 것이 단 하나의 좋은 생각이면 충분할 때가 있다.

좋은 생각이란 모양을 갖춘 정보이다.

새로운 생각이 떠오르면, 마음의 저울에 올려놓고 주의 깊게 그 무게를 달아보고서야 그 가치를 알 수 있다.

성공에 이르는 한 가지 비결은 영감과 좋은 생각을 섞는 것이다.

미래를 위해 좋은 생각과 정보를 모으는 것보다 더 강력한 행동은 없다. 이것을 바로 '가정학습'이라고 한다.

무지(無知)

무지는 지복(至福)이 아니다. 무지는 빈곤이다. 무지는 파멸이다. 무지는 비극이자 병이다. 이 모두가 무지에서 비롯된다.

모르는 것이 당신을 다치게 하리라.

가장 나쁜 오만은 무지에서 비롯된 오만이다.

어느 고대 문서에 "무지를 소망하는 자, 무지해지도록 내버려둬라"라고 되어 있다. 그러나 나는 단어 하나를 빼고 이렇게 읽는다. "무지를 소망하는 자, 내버려둬라!"

영향력 / 교제

　영향을 미치는 데는 두 가지가 있는데 첫 번째는 영향력이 강력하다는 것, 두 번째는 영향력이 미묘하다는 것이다. 누군가 당신을 마구 밀어내려 한다면 가만있지 않겠지만 야금야금 밀어붙이면 모르는 사이에 밀려나는 수가 있다.

　우리는 다양한 정보와 영향과 의견이 필요하다. 한 사람이나 한 가지 근원에서 인생과 사업의 모든 해답을 얻을 수는 없다.

　태도는 영향을 받는 것과 교제를 통해 대체적인 모양을 갖추게 된다.

　중요하지 않은 목소리에 시간을 낭비하지 말라. 천박한 목소리를 골라내면 값진 목소리에 귀기울일 시간이 많아질 것이다.

　"아니오."라는 말은 당신과 당신에게 그릇된 영향을 주는 것 사이에 거리를 두게 한다.

영향력 / 교제

 우리는 끊임없이 이렇게 자문(自問)해 보아야 한다. 나는 어떤 사람들 주변에 있는가? 그들이 내게 하는 일은 무엇인가? 그들로 인해 읽은 책은 무엇인가? 그들로 인해 내가 한 말은 무엇인가? 그들로 인해 나는 어디로 가고 있는가? 그들로 인해 나는 어떤 생각을 하고 있는가? 가장 중요한 것 – 그들로 인해 나는 어떤 존재가 되고 있는가? 그런 후 중대한 질문을 던져라. 그래도 괜찮은가?

 태평스런 군중과 어울리지 말라. 성장하지 못 한다. 성취의 기대와 요구치가 높은 데로 가라.

 어떤 사람은 몇 분 동안은 함께 할 만해도 몇 시간 동안은 아니다.

 함께 나눌 가치가 있는 사람들과 어울려라. 그들에게서 받은 감화(感化)는 그들과 헤어진 후 한참이 지나도 당신의 삶에 지대한 영향을 계속 미칠 것이다.

일지(日誌)

좋은 생각들을 모으되 기억력은 믿지 말라. 당신에게 찾아오는 모든 생각과 정보를 모아둘 가장 좋은 곳은 일지다.

내가 일지를 만드는 데 그토록 많은 돈을 쓰는 이유는 그곳에 넣을 귀중한 뭔가를 찾도록 내 자신을 재촉하기 위해서다.

다음 세 가지는 남기고 떠나야 한다. 당신의 사진, 서재, 개인일지. 이것들은 분명히 후손들에게 가구보다 더 큰 유산이 되리라!

마음을 문서 따위나 정리하는 진열장으로 사용하지 말라. 문제를 해결하고 해답을 찾는 데 사용하고 좋은 생각들은 일지에 정리해 두어라.

아이들

아이들은 호기심이 강하다. 어른들은 개미를 밟고 지나가지만 아이들은 관찰을 한다.

아이가 배울 수 있는 언어는 몇 가지일까? - 시간을 들여 가르치는 만큼이다.

아이 때부터 경제적 자립을 시작할 수 있다. 아이들은 합법적으로 돈을 벌기 훨씬 전부터 이익을 낼 수 있다.

물론 아이들도 세금을 내야 한다. 진흙이 아닌 보도(步道)에서 자전거를 타고 싶다면, 사탕 하나를 살 때마다 30원을 더 내야 한다고 어린 조니에게 말해 주어라.

아이들 자전거는 두 대가 필요하다. 하나는 자기것이고 또 하나는 빌려주는 것이다.

아이들에게 반드시 가르쳐야 할 것은 골라 듣는 기술이다. 미래에 도움이 되지않는 하찮은 얘기를 듣지말라. 어리석고 시시한 일에 시간 낭비하지 말라. 그런 얘기는 흘려버리고 삶에 무언가 도움이 될 얘기에 귀를 기울여라.

아이들

부족한 것은 아이들의 능력이 아니라 선생님의 능력이다.

나는 보통아이들에게는 40세까지 부자가 되는 법을 가르치고 매우 총명한 아이들에게는 35세까지 부자가 되는 법을 가르친다. 대부분의 아이들은 자신이 매우 총명하다고 생각하고 35세까지 부자가 되는 법을 들으러 온다.

아이들은 1,000원으로 무엇을 할 수 있을까? 한 가지 철학은 "아직 어리고 1,000원밖에 없는데 뭘 할 수 있는가"라는 것이다. 와! 얼마나 훌륭한 철학인가! 미래가 시작되는 지점이 어디라고 생각하는가? 바로 아이와 1,000원으로 시작하는 곳이다. 당신은 "글쎄, 어린시절은 한 번밖에 안와. 다 쓰도록 내버려둬."라고 말한다. 자, 그런 행동이 언제 멈추리라 생각하는가? 50세가 되어 당신처럼 무일푼일 때?

아이가 미래를 정확히 본다면, 기쁜 마음으로 대가를 치를 것이다.

리더십과 경영

　리더십의 과제는 강하되 무례(無禮)하지 않고 친절하되 나약하지 않으며 과감하되 무모하지 않아야 한다. 사려 깊되 게으르지 않고 겸손하되 소심하지 않으며 자부심을 갖되 거만하지 않고 유머 감각을 가지되 우스꽝스러 보이지 말아야 한다.

　우리는 받을 자격이 있는 사람을 도와주되 필요한 사람을 도와줘서는 안 된다는 것을 배워야 한다. 삶이란 그 자격에 반응하는 것이지 필요에 반응하는 것이 아니다.

　나의 조언자는 당신이 "~하시죠"가 아니라 '자 우리가 합시다' 라고 말하곤 했다. "~함께 합시다!"라는 말은 참으로 큰 힘을 발휘한다!

　좋은 사람은 찾는 것이지 바꾸는 게 아니다. 최근 읽은 한 기사에 "우리는 좋은 사람이 되라고 가르치지 않습니다. 단 좋은 사람을 고용할 뿐입니다"라고 나와 있었다. 와! 얼마나 현명하고 쉬운 방법인가!

리더십과 경영

훌륭한 리더십이 지향하는 것은 못 하는 사람을 잘하도록 도와주고 잘하는 사람은 더 잘하도록 도와주는 것이다.

좋은 생각을 오래 나누면, 결국 좋은 사람들에게 전해질 것이다.

리더십이란 평균 이상의 뭔가가 되기 위한 도전이다.

리더는 가족이든 기업이든 정부든 교육이든 의도와 성취를 혼동해서는 안 된다.

리더는 절망을 다스리는 법을 배워야 한다. 우리 삶이 어떤 모습을 띠게 되는가는 우연히 결정되는 것이 아니라 우연히 닥친 일을 우리가 어떻게 대처하느냐에 좌우된다.

사람들을 도울때 일적인 것 뿐만 아니라 그들의 인생 자체에 도움이 되도록 하여라.

리더십과 경영

때로는 가장 필요한 사람이 가장 관심이 없는 경우도 있다.

리더십을 가르칠 때 이런 교훈이 있다. - "오리를 독수리 학교에 보내지 말라. 오리는 독수리 학교를 졸업하고서도, 길에서 만난 토끼와 친구가 될 것이다.

먼저 현재 사람들이 있는 곳에서 함께 출발한 후, 당신이 원하는 곳으로 데려가기 위해 노력하라.

어떤 사람은 필연적으로 배반하고 나쁜 쪽으로 간다는 것을 지도자는 이해해야 한다. 그 이유말고 사람을 알아내는 데 시간을 써라.

개인적인 모범과 철학으로 인도하라.

리더십과 경영

 지도자는 순진해서는 안 된다. 나는 "거짓말쟁이는 거짓말을 하지 말아야 한다."라고 말하곤 했다. 이 얼마나 슬픈 언어의 낭비인가! 거짓말쟁이는 거짓말을 하는 게 당연하다는 사실을 나는 깨달았다. 그래서 거짓말쟁이라고 하는 것이다 – 거짓말을 하니까! 그밖에 무슨 다른 행동을 기대하겠는가?

 경영자는 사람들이 있는 그대로 자신을 바라보도록 도와준다. 리더는 사람들이 있는 그대로 자신 그 이상을 바라보도록 도와준다.

 사람을 다룰 때, 주로 나는 노골적인 방법을 택한다. 누군가 "항상 내게는 이런저런 일이 일어납니다. 항상 이런 일이 일어나는 이유가 무엇입니까?"라고 말할 때, 나는 이렇게 말한다. "제가 졌어요. 모르겠습니다. 내가 아는 한, 그런 일들은 당신 같은 사람들에게 일어나는 것 같습니다."

 우리는 훈수(訓手)를 조금 이용해도 된다. 시합에서 모든 것을 고려하기란 어렵다.

삶의 방식

삶의 방식이란 자기만의 살아가는 방식을 찾아내는 기술이다.

다른 사람은 초라한 삶을 살더라도 당신은 그러지 말라. 다른 사람은 작은 일에 다투더라도 당신은 그러지 말라. 다른 사람은 작은 상처에 울더라도 당신은 그러지 말라. 다른 사람은 자신의 미래를 남의 손에 맡기더라도 당신은 그러지 말라.

어떤 사람은 돈 잘 버는 법은 배웠지만 잘사는 법은 배우지 못 했다.

삶의 방식은 돈의 액수가 아닌 습관이다.

최대한 많이, 최대한 빨리 돈을 벌도록 하라. 더 빨리 돈 문제에서 벗어날수록, 더 빨리 남은 문제를 멋지게 해결할 수 있다.

한편으로는 원하는 것을 추구하면서 한편으로는 지금 가지고 있는 것으로 만족하는 법을 배워라

삶의 방식

　삶의 기술을 훌륭히 익히는 것은 그리 어렵지 않다. 수입이 평범한 사람도 교양 있는 생활을 경험할 수 있다. 단지 청량음료 마실 돈을 모아 고급포도주 한 병을 사기만 하면 된다. 영화관은 그만 가고 극장에 가면 된다. 1년 내내 돈을 모으면 유럽여행을 가거나 고급 예술작품을 얻을 수 있다.

　가진 돈의 1/4을 한꺼번에 쓰지 말라. 모아서 뭔가 특별하고 섬세하고 지속적인 가치가 있고 풍성한 추억을 남길 만한 데 쓰도록 하라. 기억할 것은 껌값을 모으면 작은 부를 만들 수 있다는 점이다. 또한 교양인에게는 양(量)보다 질(質)이 중요하다. 집안을 가득 메운 쓰레기보다는 보석 몇 점이 낫다.

　행복은 우연이 아니다. 행복은 희망 사항도 아니다. 행복은 설계해야 할 무엇이다.

양육

통솔력에서 자녀 양육보다 더 어려운 과제는 없다.

자녀들과 대화하면, 아이들이 그럭저럭 삶을 유지하는 데 도움을 줄 수 있다. 자녀들과 능숙한 대화를 하면, 그들이 미래의 꿈을 만드는 데 도움을 줄 수 있다.

통솔력은 1990년대의 정치, 과학, 교육, 산업 등에서 하나의 큰 과제였다. 그러나 통솔력에서 가장 큰 과제는 '양육'이다. 우리는 21세기의 도전들에 기업을 대비시키는 것 이상을 해야 한다. 21세기의 도전들에 우리 자녀들이 준비되어 있도록 해야 한다.

어떤 사람들은 고객에게는 관심을 쏟으면서 자녀에게는 관심을 쏟지 않는다.

인내 / 끈기

  예술적인 기업을 만드는 데는 시간이 걸린다. 인생을 만드는 데도 시간이 걸린다. 발전하고 성장하는 데도 시간이 걸린다. 그러므로 자신과 자신의 기업과 자신의 가족에게 적당한 시간과 필요한 시간을 주도록 하라.

  미국인들은 놀랄 만큼 인내력이 약하다. 누군가 말하길, 미국에서 가장 짧은 주기(週期)는 녹색 신호등이 켜지는 순간부터 경적소리가 들리는 순간까지라고 했다.(한국인은 어떤가?)

  성공을 죽이는 공범은 조바심과 탐욕이다.

  언제까지 노력해야 하냐고? 그때까지.

  어떤 사람은 봄에 심고는 여름에 떠난다. 잠시만 일하기로 계약했다면, 일을 끝마쳐라. 영원히 머물 필요는 없지만 일을 끝낼 때까지는 머물러라.

자기계발

소득이 자기계발을 능가하는 경우는 드물다.

당신의 위상(位相)은 당신의 소득에 직접 영향을 준다.

스스로를 바꾸지 않는 한 이미 가지고 있는 것만을 가질 수밖에 없다.

우리는 현재 우리가 가진 것보다 더 많은 것을 가질 수가 있다. 왜냐하면 우리는 지금보다 더 나은 사람이 될 수 있기 때문이다.

지금보다 더 나은 존재가 될 수 있기 때문에 가능한 최고가 되는 것은 큰 도전이다.

인간의 잠재력을 최대한 키우고 한계상황까지 최선을 다한다면, 인간의 정신에 어떤 일이 일어날지 상상할 수 없다.

백만금을 물려받았는데도 백만장자가 되지 못하는 사람은 정말 딱한 사람이다. 소득은 늘었는데도 스스로 성장하지 않았다면 그것은 엄청난 불행인 것이다.

자기계발

매력적인 사람을 매료시키려면, 당신에게 매력이 있어야 한다. 권력가를 매료시키려면, 당신에게 권력이 있어야 한다. 헌신적인 사람을 매료시키려면, 당신이 헌신적이어야 한다. 그들에게 영향을 미치는 대신 자신을 계발하도록 하라. 그렇게 된다면, 매료시킬 수 있다.

삶은 '욕구'와 '욕구 충족'의 미묘한 조합이다. 우리는 이 두 가지에 동등하게 관심을 기울여야 한다.

일을 하면서 스스로에게 물어야 할 가장 중요한 질문은 "내가 지금 무엇을 얻는가"가 아니라, "나는 장차 무엇이 될 것인가" 하고 묻는 것이다.

자기계발을 통해 얻은 것이 아니면 지키기 어렵다.

백만장자가 된 후 돈을 모두 나눠주어도 좋은 이유는 중요한 것은 돈이 아니기 때문이다. 중요한 것은 백만장자가 되는 과정에서 변화된 당신 자신이다.

인생철학

당신의 미래의 재력(財力)을 결정하는 핵심요소는 경제상황이 아니다. 핵심요소는 당신의 철학(哲學)이다.

다른 사람의 계획을 차용(借用)하지 말라. 자신만의 철학을 만들어 나간다면, 철학이 당신을 남다른 곳으로 인도할 것이다.

훌륭한 항해(航海)법을 배운다면, 원하는 꿈속으로, 원하는 수입으로, 원하는 마음과 재산과 영혼의 보물로 불어오는 바람이 당신을 항상 데려갈 것이다.

철학은 당신이 수행(修行)할 것인지 계속 실수할 것인지를 결정한다.

철학이란 당신의 모든 지식과 가치 선택의 총합(總合)이다.

인생철학

경제난은 덜 일하고 더 원하는 철학에서 비롯된다.

실수를 바로잡고 싶다면, 인생철학부터 바로잡아라.

지난 90일 간 한 권의 책도 읽지 않은 것보다 더한 것은 그렇게 해도 괜찮다고 생각하는 것이다.

앞날을 결정하는 가장 중요한 요소는 인생철학이다.

최초의 반응은 어떤 사람의 인생철학에 대해 많은 것을 보여준다.

오로지 인류만이 인생철학을 다듬어 언제나 원하는 날 삶을 재정리할 수 있다.

자신에 대한 책임

 스스로 희생자가 되지 말라. 골목길에서 기다리는 도둑은 잊어라. 마음속 도둑은 어떤가?

 "무슨 일이 일어나는가?"가 미래를 결정하진 않는다. 그런 일은 모두에게 일어난다. 그 사건에 대한 당신의 행동이 중요한 것이다.

 당신은 "나라가 엉망이야"라고 한다. 이는 마치 흙과 씨앗과 햇빛과 비를 욕하는 것과 같고 당신에게는 그것이 전부다. 당신이 가진 전부를 욕하지 말라. 자신만의 별을 소유하게 될 때는 전체를 다시 구성할 수 있다. 있는 그대로를 받아들여야 한다.

 97%의 군중으로부터 멀리 떨어져라. 그들의 변명을 이용하지 말라. 자신의 삶에 책임을 져라.

자신에 대한 책임

조언은 구하되 명령은 받지 말라. 자신의 명령만 받아라. 에이브럼 링컨은 이렇게 말했다. "그 누구의 종도 되지 않을 것이므로 그 누구의 주인도 되지 않겠다."

당신은 자신을 책임져야 한다. 환경도, 계절도, 바람도 바꿀 수 없지만 자신은 바꿀 수 있다. 이는 우리가 제어(制御)할 수 있는 것이다. 우리는 별자리를 제어할 수는 없지만 독서를 할 것인가, 새로운 기술을 개발할 것인가, 새로운 수업을 들을 것인가는 제어할 수 있다.

당신의 급여는 고용주(雇用主)의 책임이 아닌 당신의 책임이다. 당신의 가치를 다스리는 사람은 고용주가 아닌 바로 당신이다.

정부를 비난하는 것이 자신의 인생철학을 비난하는 것보다 쉬운 법이다.

계획

정말 놀라운 점은 대개 사람들이 인생계획보다 휴가계획에 더 신경쓴다는 점이다. 현실도피가 변화보다 쉽기 때문이리라.

인생계획을 스스로 설계하지 않으면, 다른 사람의 계획을 따라갈 확률이 높다. 그들이 당신을 위해 무엇을 계획했겠는가? 별로.

많은 사람이 기대가 아닌 불안감으로 미래를 맞는 것은 미래를 멋지게 설계해 두지 않았기 때문이다.

한 남자가 말하길, "내가 일하는 곳에서는 집에 갈 때쯤이면, 꽤 늦죠. 배 좀 채우고 TV 좀 보고 쉬고 나면 자는 겁니다. 밤새 잠도 안 자고 계획에 계획 또 계획할 순 없잖아요." 그 남자는 바로 자동차 할부금이 밀린 사람이었다.

긍정 / 부정

 긍정적인 사람뿐만 아니라 부정적인 사람으로부터, 성공 뿐만 아니라 실패에서도 배우도록 하라.

 삶은 각각의 독특함이 있기에 부정적인 것과 긍정적인 것 없이는 삶이 아니다. 이런 이유로 양쪽을 모두 진지하게 배우는 학생이 되는 것은 중요하다.

 삶의 일부는 긍정적이고 일부는 부정적이다. 교향곡 감상을 갔는데 연주한 것이라곤 자그맣고 즐겁고 높은 음색뿐이었다면 곧 자리를 뜨겠는가? 베이스의 울리는 소리, 심벌즈의 깨지는 소리와 단음계도 들어보자.

 인생은 하나의 쌓아가는 과정이다. 우리가 쌓는 것은 빚 아니면 가치, 후회 아니면 평정이다.

문제 해결

어떤 문제를 해결하려면, 다음 세 가지를 자문해보라.

첫째, 내가 무엇을 할 수 있는가?

둘째, 내가 무엇을 읽을 수 있는가?

셋째, 내가 누구에게 물어볼 수 있는가?

진짜 문제는 대개 두세 가지 의문 뒤에 숨어 있다. 누군가의 문제를 해결해주려면, 대부분 사람들이 처음 문제를 이야기한 후에는 진짜 문제를 밝히려 하지 않는다는 사실을 염두에 두어라.

닐 암스트롱은 "달에 갈 때는 다음 두 가지 문제만 해결하면 된다. 첫째, 어떻게 갈 것인가. 둘째, 어떻게 돌아올 것인가. 요지는 두 가지 모두 해결하기 전에는 출발하지 않는 것이다."라고 했다.

문제에 대해 공박(攻駁)하려면, 해결책도 함께 제시해야 한다.

문제 해결의 가장 좋은 장소는 종이 위다.

문제 해결

일지의 특성 중 하나는 모든 것을 알아낼 효과적인 방법을 제공해준다는 점이다 – 인생에 대해 알아내고 사람에 대해 알아내고 사업 딜레마를 해결하고 무엇보다 중요한 것은 바로 당신 자신에 대해 알아낼 수 있다는 것이다.

문제를 글로 기록하는 데는 마법과 같은 것이 존재한다. 그것은 마치 잘못된 것을 기록함으로써 그것을 바로잡는 새로운 길을 발견하기 시작하는 것과 같다. 기록하는 행동을 통해 당신과 문제 사이에 공간이 생기고 바로 이 공간 속에서 해답이 생길 공간을 갖게 된다.

사건과 상황들을 기록해보면, 사건을 명확히 이해하는 데 도움이 된다. 상황을 글로 묘사하면, 좀더 사실적이고 정확하고 현실적이 된다. 일단 사물을 있는 그대로 바라보게 되면, 자신의 길을 명확히 보게 되어 더 나은 것으로 만들 수 있게 된다.

〈일지 사용법〉에서 발췌

명성

우리는 각자 모든 사람의 덕망을 지키는 데 헌신해야 한다. 그리고 모든 사람은 각자의 덕망을 지키는 데 헌신적이어야 한다.

정확성은 신뢰를 쌓는다.

전체의 증언을 오염시키는 데는 거짓말 단 한마디면 된다.

성서는 두 가지 측면 모두에 대한 인간들의 이야기를 제시해준다. 한 편의 이야기는 모범 사례로 사용되며 – 그들의 행동을 보여주기 위해 쓰여졌다. 다른 한 편은 경고의 의미로 사용되어 – 그들의 행동을 따라하지 말라고 쓰여졌다. 그러므로 혹시라도 당신의 이야기가 이런 책에 기록된다면, 경고가 아닌 모범 사례로 사용되도록 하라.

결과

하루를 마무리할 때, 자신의 연주 테이프를 재생해봐야 한다. 결과는 박수갈채를 받던지 아니면 질책일 것이다.

가장 멋진 원숙함은 바로 수확기다. 이때 우리는 추수량이 적다고 불평하지 않고 거두는 법과 추수량이 많다고 사과하지 않고 거두는 법을 배워야만 한다.

인생은 우리가 적당한 기간 안에 적당한 발전을 할 것을 요구한다. 이것이 초등학교 4학년의 의자를 그토록 작게 만드는 이유다 – 25세 때는 거기에 맞지 않도록 말이다!

어떤 일들은 그렇게 되는 법을 몰라도 된다 – 단지 그렇게 된다고 알기만 하면 된다. 어떤 사람들이 뿌리를 연구하는 동안 다른 사람들은 열매를 따고 있다. 다만 문제는 어느 편에 드는가이다.

판매

판매에서 성공하려면 매일 많은 사람과 대화를 나누어라. 그리고 흥분되는 사실은 바로 사람이 매우 많다는 것이다!

연습은 판매만큼의 가치가 있다. 판매는 생계를 유지해 주지만 기술은 재산을 모아준다.

판매는 개인 대 개인 사업이다. 판매책자를 보내서는 판매를 할 수 없는 법이다. 판매책자에는 다리도, 목소리도 없다.

판매직에서는 판매한 후가 진짜 일이다.

판매업자들은 아이들에게서 교훈을 얻어야 한다. 아이들에게 "안돼"가 무슨 의미가 있는가? 거의 없다!

판매초보자도 기술에서 부족한 부분은 숫자로 보충할 수 있다.

봉사

어떤 고객은 잘 관리해주면, 1,000만 원짜리 광고보다 더 효과적일 때가 있다.

훌륭한 서비스는 판매를 배로 늘린다. 고객을 잘 관리하면, 결코 혼자서는 열 수 없는 문이 열릴 것이다.

큰 재산을 얻는 방법은? 봉사라는 재산을 나누어 주는 것이다.

봉급보다 더 일해야 하는 이유는? 그렇게 해야만 부유해지기 때문이다.

많은 사람들에게 봉사하는 사람은 누구나 큰 재산, 큰 보상, 큰 만족, 큰 명성, 큰 기쁨의 선상에 있게 된다.

기술

더 쉽기를 바라지 말고 더 잘하길 바래라. 문제가 적길 바라지 말고 기술이 더 많아지길 바래라. 도전할 일이 적길 바라지 말고 더 지혜로워지길 바래라.

우리는 꿈을 바꾸든지 아니면 기술을 개발해야 한다.

망치로 나무를 자를 수 있지만 그렇게 하려면 30일이 걸린다. 망치를 도끼로 바꾸면 30분이면 된다. 30일과 30분의 차이가 바로 기술이다.

인생의 핵심은 충분한 기술을 갖추어 보상받을 일을 하는 데 있다.

자신의 부족함은 숨기고 기술은 보여주는 법을 익혀라.

교양

대부분은 하루하루를 그냥 보내려 한다. 교양있는 사람은 하루하루를 활용하는 법을 익힌다.

교양이란 장신구와 보석의 차이를 이해하는 것이다.

소중한 돈을 사소한 데 쓰지 말라. 지난 10년 간 그는 도너츠 2톤과 단 두 권의 책을 샀다 – 그것도 그 책은 거의 그림뿐이었다.

교양있는 사람은 일찍 퇴근하지 않는다. 어떤 남자의 말, "그래, 하지만 교통체증을 피하고 싶다고." 대단하지 않은가 – 교통체증을 피하다니!

고급 포도주와 펩시(pepsi)의 차이를 아는 데는 10억 원이 들지 않는다. 교양은 배움이지 액수가 아니다.

교양

교양은 기질대로의 움직임보다 감정조절법의 터득을 시작으로 나타나기도 한다.

돈이 많다고 교양이 생기는 것은 아니다. 배움과 연습을 통해서만 교양을 쌓을 수 있다. 평범한 수입의 사람도 교양을 쌓을 수 있는 것은 배움과 연습으로 교양을 쌓기 때문이다. 교향곡을 관람하는 데 얼마가 드는가? 약 3만 원. 당신은 "가난한 사람들은 교향곡 들으려고 3만 원이나 낼 수 없어요"라고 한다. 아니, 할 수 있다. 허쉬 초코바 30개 값밖에 안 된다!

우리는 자녀들이 한 번에 1,000원씩 쓰지 않도록 가르쳐야 한다. 한 번에 1,000원씩 쓴다면, 보석이 아닌 장신구만 쌓일 것이다. 1,000원으로는 한 번에 비싼 것을 살 수 없다.

뿌리기 / 거두기

  우리는 다음 두 가지 중 하나는 잘해야 한다. 봄에 씨앗을 뿌리거나 가을에 구걸하는 것.

  신(神)은 힘든 부분은 자신의 몫으로 맡았다. 당신이 씨를 뿌리는 대신 나무를 만들어야 한다면, 어떡할 건가? 잠도 못 자고 궁리하고 있을 것이다.

  심어라, 노래하지 말고.

  좋은 친구들 중 하나가 항상 이렇게 말했다. "사건들은 저절로 일어나는 게 아냐. 제대로 일어나는 거지."(인생에서 일어나는 사건들은 나름대로 이유가 있다 – 역주(譯註))

  흙이 말하길, "내게 필요한 것 말고 씨앗을 가져와."

책무(責務)

얼마나 많이 벌어야 할까? 가능한 많이. 최선을 다했다면, 1년에 1,000만 원을 벌든 10억을 벌든 상관없다.

어느 남자가 말하길, "돈만 많으면 잘 관리할 텐데. 월급밖에 없으니 어디로 가는지 모르겠어." 그에게 회사를 맡기진 않겠지?

많은 사람에게 힘과 영향력을 행사하고 싶다면, 몇 사람만 있을 때 신뢰를 얻어라. 몇 안 되는 직원, 판매자, 사람들과 일할 때가 바로 관계를 지속하면서 완전히 몰입할 때다 – 단지 몇 사람뿐일 때가.

현재 있는 곳에서, 현재 가지고 있는 것에서 시작하라.

학생

삶을 유지시키는 세속적이고 평범한 것만이 아닌 고상한 것도 배우는 학생이 되어라. 우리 모두는 단지 존재만이 아닌 고상한 것도 배우는 학생이 되어야 한다.

이미 얼마나 성공했든 개의치 말고 항상 배움을 열망하라. 백만장자 클럽에서 우리는 가끔 억만장자를 초청해 이야기 해 달라고 한다. 그는 이렇게 말한다. "여러분은 잘하고 계시지만 솔직히 말해봅시다. 정말로 박차를 가해보면 어떻겠습니까?"

추종자가 아닌 학생이 되도록 하라. 남의 말대로 따라가지 말라. 남의 말에 관심을 갖고 토론하고 숙고하고 모든 시각에서 고려하라.

책을 읽고 추종자가 되지 말라. 책을 읽고 학생이 되어라.

성공

성공은 쫓는 것이 아니라 변화된 당신이라는 사람에게 끌려오는 것이다.

성공이란 우리가 가진 소유물이 아니라 우리가 존재하는 모습이다.

성공은 20%의 기술과 80%의 전략이다.

성공은 평범한 힘과 정반대 방향에 있다.

성공의 비결은 기초를 익히고 연구하는 것이다. 누구나 학교에서 기초과정을 배워야 한다.

평범한 사람들은 도망갈 길을 찾지만 성공한 사람들은 사이좋게 지낼 길을 찾는다.

목표를 가지고 미리 대비하는 것은 성공의 한 부분이다.

시간관리

　시간은 가장 소중한 자산이지만 우리는 시간을 낭비만 할 뿐 투자하지 않고 있다.

　소중한 시간을 사소한 데 쓸 수 없듯이 사소한 시간을 중요한 데 쓸 수도 없다.

　시간은 돈보다 가치가 더 크다. 돈은 더 많이 벌 수 있지만 시간은 더 많이 얻을 수 없다.

　그날의 일과가 종이 위에 정리가 되기 전에는 하루를 시작하지 말라.

　거절하는 법을 익혀라. 입 때문에 허리가 휘지 않도록 하라.

　시간은 부자들의 가장 은밀한 비밀이다.

　투자한 시간에 따라 돈을 받는 것이 아니라 투자한 시간에 들어있는 가치에 따라 돈을 받는 것이다.

시간관리

어떤 것은 다스리고 어떤 것은 섬긴다. 당신이 하루를 다스리지 않으면, 하루가 당신을 다스리고 당신이 사업을 다스리지 않으면, 사업이 당신을 다스린다.

중요한 것과 사소한 것을 구분하는 법을 배워라. 많은 사람이 잘하지 못 하는 이유는 단지 사소한 것들을 전공(專攻)으로 하기 때문이다.

활동과 성과를 혼동하지 말라. 바쁘게 지내면서 속기 쉽다. 문제는 이것이다. 뭘 하느라 바쁜가?

하루하루는 소중하다. 하루를 쓰고 나면 그만큼 쓸 시간이 줄어든다. 그러므로 하루를 지혜롭게 사용하라.

때로 연락은 되더라도 멀어져야 할 때가 있다.

진실

　진실의 대가는 극히 드물다. 가장 가까이 갈 수 있는 정도는 진실이라고 희망하는 것이나 진실이라고 생각하는 것에 대해서다. 그래서 진실에 다가가는 가장 좋은 방법은 "내가 보기엔…"이라고 말하는 것이리라.

　확언(確言)하는 것은 전혀 문제가 안 되지만 확언하는 말이 진실이어야 한다는 가정(假定) 하에서만 그렇다. 가령, 당신이 무일푼이라면, 당신이 확언할 수 있는 표현은 "난 파산했어!"다.

　진실만으로 불충분하다면, 좀더 강하게 표현해야 한다.

　성실함은 진실을 시험하는 잣대가 아니다. 우리는 다음과 같은 실수를 해서는 안 된다. "그가 맞는 게 확실해. 그는 정말 성실해." 성실하게 틀리기도 하는 법이다. 진실함은 오직 진실함으로, 성실함은 오직 성실함으로 판단할 수 있다.

　당신과 진실을 함께 나누려는 사람을 찾아라.

가치

가치를 먼저 계산하라. 가치 없는 일에 너무 비싼 대가를 치르지 말라.

인생의 중요한 가치는 무엇을 얻는가가 아니다. 인생의 중요한 가치는 무엇이 되는가다. 그런 까닭에 나는 모든 값진것에 정당한 값을 지불하길 바란다. 내가 그 대가를 지불하거나 그것을 일해서 얻는다면, 나는 뭔가가 되지만 그것을 공짜로 얻는다면, 나는 아무것도 안 된다.

모든 가치 있는 것들은 경쟁을 통해 얻어야 하며 그렇게 얻은 후에는 지켜야 한다.

원하는 것을 위해 자신의 미덕(美德)과 가치를 팔지 말라. 돈은 벌었지만 모든 것을 버리고 가로트 유다가 목을 맨 것은 자신이 너무 미워졌기 때문이다.

가치 있는 것은 당연히 비싸다. 비싸지 않다면, 그 가치를 모를 것이므로.

말 / 어휘력

고대어 중 가장 훌륭한 두 단어는 '볼지어다'와 '조심할지어다'다.

우리는 어휘력 덕분에 해석하고 표현할 수 있다. 당신의 어휘력이 한정되어 있다면, 당신의 비전(vision)도 한정되고 미래도 한정될 것이다.

적절히 선택한 단어와 적당한 감정이 섞이면, 사람들에게 영향을 주는 기초가 된다.

꽃을 선물하는 것은 괜찮지만 꽃에게 모든 말을 다 하라고 하지는 말라. 꽃의 어휘력에는 한계가 있다. 꽃이 할 수 있는 가장 훌륭한 말은 당신이 기억하고 있다는 것이다.

말은 두 가지 중요한 역할을 한다. 마음에 양식(良識)을 제공하고 이해력과 자각력(自覺力)에 빛을 만들어 준다.

깨달은 이기주의(利己主義)

자기보존은 가난으로 이어지기 쉽다. 많은 사람을 다스리고 싶다면, 몇 사람 없을 때 신뢰를 얻어라. 한 남자가 말하길, "아, 내게 큰 조직이 있다면, 정말 한번 해볼텐데. 하지만 몇 사람뿐이니 어디 있는지도 모르겠네." 당신에게 판매원과 직원이 적을 때가 바로 의사소통 기술을 익히고 집중할 때다. 단 몇 명 뿐일 때, 전부를 걸라.

미래를 대비해 지금 개인투자를 해야 한다. 교육, 자기연마, 자기발전에 투자하고 훌륭한 부모가 되는 데도 개인적인 투자를 하라. 초기에 그렇게 하면, 더 큰 재산과 사람과 공정함의 보물을 물려받을 것이다.

〈The Weekend Seminar〉에서 발췌

선(善)과 악(惡) I

 모든 지도자는 개구리와 전갈에 대한 다음 이야기를 이해해야 한다.

 개구리와 전갈이 비슷한 시간에 강가에 도착했다. 개구리는 강으로 뛰어들어 건너편으로 헤엄쳐 건너가려 했다. 그때 전갈이 말했다. "개구리야, 지금 건너편으로 건너가려 하는구나. 나는 헤엄칠 수가 없으니 날 등에 태우고 강 건너에 내려주면 고맙겠구나."

 개구리는 전갈을 쳐다보고는 말했다. "안돼. 너는 전갈이잖아! 전갈은 개구리를 쏘아 죽인다구. 절반쯤 가다가 날 쏘아 죽일 거야. 안돼."

 전갈이 말했다. "잠깐만. 그 개구리 머리로 생각하지 마. 내가 강 중간에서 널 쏘면, 너는 물에 빠져 죽겠지만 헤엄을 못 치는 나도 죽어. 그건 멍청한 일이니까 난 그렇게 안할 거야. 난 건너가기만 하면 돼."

선(善)과 악(惡) II

"그건 그렇네. 좋아, 올라타." 등에 전갈을 태운 개구리는 강을 건너기 시작했고 뻔한 얘기지만 중간쯤 가자 전갈은 개구리를 쏘았다. 이제 둘 다 영락없이 죽게 되었다. 개구리는 믿기지 않아 전갈에게 물었다. "왜 그랬어? 난 물에 빠져 죽겠지만 너도 죽잖아. 왜 그런 거야?"

그러자 전갈이 말했다. "난 전갈이니까."

자, 모든 지도자들은 이 이야기를 이해해야 한다. 양치기가 있고 양이 있고 늑대가 있다. 현명한 지도자는 양으로 둔갑할 줄 아는 영악한 늑대도 있다는 것을 알아야 한다. 그러나 선과 악이라는 인생 드라마를 잊지 말라. 이는 통솔력을 시험하는 일부일 뿐이다.

성공은 쉽다

사람들은 자신들이 하지 못한 일을 6년이라는 짧은 기간 동안 해낸 내게 그 비결을 묻곤 한다. 내 대답은 간단하다. 내가 하기 쉽다는 것을 알게 된 것들을 그들은 하지 않기가 쉽다는 것을 알게 된 것이다.

나는 인생을 바꿔줄 목표를 정하기가 쉽다는 것을 깨달았다. 그들은 하지 않기가 쉽다는 것을 깨달았다.

나는 사고(思考)와 아이디어에 영향을 주는 책을 읽는 것이 쉽다는 것을 깨달았다. 그들은 하지 않기가 쉽다는 것을 깨달았다.

나는 강의를 듣고 세미나에 참석하고 성공한 사람들에게 다가가기가 쉽다는 것을 깨달았다. 그들은 그게 상관없을 거라고 했다. 다시 요약하자면, 내가 하기 쉽다는 사실을 깨달은 것들을 그들은 하지 않는 것도 쉽다는 것을 깨달은 것이다.

6년 후, 나는 백만장자가 되었고 그들은 여전히 경제, 사회, 정부, 회사 등을 비난하면서도 기본적이고 손쉬운 일들을 소홀히 하고 있다.   *〈성공을 위한 도전 세미나〉에서 발췌*

동기부여

동기부여는 하나의 수수께끼다. 어떤 판매원은 첫 예상고객을 아침 7시에 만나는 반면 어떤 판매원은 11시가 되어서야 잠자리에서 일어나는 이유가 뭘까? 나는 모른다. 이는 인생의 수수께끼 중 하나다.

1,000명에게 강연해보라. 한 사람은 걸어 나오면서 말한다. "내 인생을 바꿀 거야." 어떤 사람은 걸어 나올 때, 하품을 하면서 혼자 투덜댄다. "다 들었던 얘기잖아." 왜 그럴까? 왜 두 사람이 똑같은 영향을 받지 않을까? 또 다른 수수께끼다.

백만장자가 1,000명에게 말한다. "나는 이 책을 읽은 후, 부자의 길로 걸어가기 시작했습니다." 몇 명이나 그 책을 사서 볼까? 거의 안 산다. 놀랍지 않은가? 왜 모두가 책을 사지 않을까? 인생의 수수께끼다.

행동하지 않는 90%로부터 멀어지고 행동하는 10%에 속하라는 것이 내 제안이다.

〈성공을 위한 도전 세미나〉에서 발췌

소홀함

많은 사람이 원하는 것을 얻지 못 하는 이유 중 하나는 소홀함 때문이다.

"매일 사과 하나면 의사가 필요없다"라는 말은 한 번쯤 들어봤을 것이다. 자, 질문을 하나 하겠다. 그게 사실이라면 어떻게 하겠는가? 하루에 사과 하나쯤 먹는 것은 쉽지 않겠는가? 문제는 그렇게 하지 않는 것도 쉽다는 데 있다.

소홀함은 감염 증세로 시작해 질병이 된다.

미국에서는 심혈관 질환으로 매일 1,000명 이상이 사망하고 있다... 그리고 그 문제의 90%는 소홀함이다.

활동성

때로 우리는 곧바로 생산성을 요구하지는 않는다. 처음 요구하는 것은 활동성이 전부다. 자, 활동성을 점검하는 것은 매우 쉽다. 어떤 사람이 판매조직에 들어갔는데 첫 주에 전화를 10번 해야 한다면, 금요일에 이렇게 물어보기는 무척 쉽다. "존, 전화 몇 번이나 했나?" "저…" 존이 꾸물대자 당신이 말한다. "존, '저…'는 이 작은 상자에 맞지 않다네." 그러면 존이 이야기를 풀어놓기 시작한다. 당신이 말한다. "존, 내가 이 상자를 이렇게 작게 만든 것은 그런 이야기가 들어가지 못하게 하려는 거라네. 그냥 1~10까지 활동 숫자만 말해보게."

첫 주가 지난 후 활동 결과가 좋지 않다면, 이것을 하나의 징조로 봐야 한다. 다음주에 한 번 더 시도할 수도 있다. 결론적으로 어떤 사람의 정확한 활동이 부족한 상태에서 한 조를 단결시키는 데 얼마나 노력할 것인가는 본인이 판단해야 한다.

〈인생을 책임져라〉에서 발췌

인간관계

다른 사람에 대한 관심 표명은 삶의 가장 소중한 가치를 나타낸다.

가정과 사랑은 정원을 가꾸듯 가꿔야 한다. 시간, 노력, 상상력을 끊임없이 불러일으켜야만 어떤 관계든 계속 꽃을 피우고 자라게 할 수 있다.

여러분이 누군가에게 줄 수 있는 가장 큰 선물은 자기계발이다. 나는 "당신이 날 보살펴주면, 나도 당신을 보살펴주겠습니다"라고 말하곤 했다. 이제는 이렇게 말한다. "당신을 위해 내 자신을 돌볼테니 날 위해 당신 자신을 돌봐주십시오."

슬픔을 막기 위해 주변에 만드는 장벽은 기쁨도 막아버린다.

당신은 혼자서 성공할 수 없다. 부유한 은둔자를 찾기는 어려운 법이다.

10대(代)를 위한 재정적 자립

한 아이에게 1,000원이 있다면, 그걸로 무엇을 해야 할까? 이에 대한 당신의 대답이 중요한 것은 그것이 아이의 남은 인생 동안 돈의 사용처를 결정할 수도 있기 때문이다. 당신은 "음, 어린아이에게는 단지 1,000원일 뿐이잖아"라고 한다. 우리는 이것을 커다란 '판단착오'라고 한다.

아이가 1,000원을 다 써버리려고 한다면, 당신은 "안돼! 1,000원을 다 쓰면 안 된다"라고 해야 한다. 그 이유를 묻는 아이를 건너마을에 데려가 물어보라. "너 여기서 살고 싶니? 여기는 버는 대로 다 써버리는 사람들이 사는 곳이다." 아이에게 핵심을 알게 하는 데 시각적(視覺的)인 실례(實例)보다 더 나은 것은 없다. 가진 돈을 다 써버릴 때 맞이할 비극적인 모습을 보여주도록 하라. 아이는 눈이 휘둥그래질 것이다. 그리고 물어보라. "너 그렇게 살고 싶니?" 아이는 대답한다. "아뇨, 절대로." 그럼 설명해주어라. "그러니까 1,000원을 다 쓰면 안 되는 거란다."

〈위대함에 이르는 세 가지 열쇠〉에서 발췌

내 인생이 어떻게 바뀔까

올해는 어떨 것 같은가? 항상 그래왔던 것과 비슷하리라. 내가 그것을 당신과 함께 나누었다는 사실이 기쁘지 않은가? 이 말은 아무나 들을 수 있는 것이 아니다.

밀물이 밀려온다. 그 뒤에는? 썰물이 되어 빠져나간다. 기록된 역사에 의하면, 적어도 6천 년 동안은 그래왔다.

해가 뜬 후에는? 해가 진다.

가을이 지나면? 겨울이 온다. 한 번도 변치 않고 적어도 6천 년 동안 그랬다. 이는 바뀌지 않을 것이다.

6천 년 역사기록에는 이렇게 쓰여 있다. 기회는 곤경과 뒤섞여 있다. 이는 바뀌지 않을 것이다. 당신은 묻는다. "그럼 내 인생은 어떻게 바뀌지?" 당신이 바뀔 때!

〈인생 최대의 해를 보내는 법〉에서 발췌

변화의 과정

　변화는 두 가지 이유에서 생긴다. 첫째, 절망감으로 인해 변화를 강요받을 수 있다. 때로 환경이 너무 멋대로 되어 버려 인생이 해결할 수 없는 문제들로 가득 찬 듯 보여 해답 찾기를 포기해 버리기도 한다. 그러나 바로 이 압도적인 절망감은 결국 우리가 해답을 찾도록 강요한다.

　몇 달이나 몇 년 간의 축적된 소홀함은 급박한 필요성으로 우리에게 축적된 삶의 문제들에 대한 즉각적인 해답을 강요하는 지점으로 우리를 곧 데려가며 그 최후의 불가피한 결과가 절망이다.

　삶을 변하게 만드는 두 번째 이유는 영감(靈鑑)이다. 다행히 그것은 바로 지금 당신이 있는 곳이다 – 충분한 영감을 얻어 중요하고 극적인 인생의 변화를 가져 오려는 바로 지금.

〈인생 퍼즐을 맞추는 다섯 가지 중요한 조각〉에서 발췌

봄(春)

　겨울의 광풍 뒤에 오는 활동과 기회의 계절을 봄이라고 한다. 봄은 인생이라는 비옥한 토지에 씨앗과 지식과 헌신과 강인한 노력이 들어가는 계절이다. 이는 꾸물거리거나 실패의 가능성을 숙고할 때가 아니다.

　어리석은 사람은 지난 가을의 성공적인 수확의 기억이나 지난 봄의 노력에도 불구하고 실패한 지난 가을의 추수에 대한 기억으로 시간을 보내면서 그냥 봄을 보내는 사람이다.

　봄의 자연적인 특징은 그토록 짧게 지나가 버리거나 그 풍성한 아름다움으로 우리가 활동하지 않도록 유혹하는 것이다. 만개(滿開)한 꽃향기에 너무 오래 도취(陶醉)하지 말라. 눈을 떠보니 씨앗은 여전히 등에 맨 채 이미 봄은 지나가 버렸음을 깨닫지 않도록.

〈인생의 계절〉에서 발췌

핵심적인 이유들

  박애(博愛)처럼 고상(高尙)한 목표로 성공 동기를 부여받는다면 훌륭하지 않겠는가? 그러나 고백하건대 성공하기 위해 분투(奮鬪)하던 초창기, 내게 동기부여가 된 것은 훨씬 더 현실적이었다. 내가 성공하려는 이유는 훨씬 기본적인 것이었다. 사실 그것은 내가 '핵심적인 이유'라고 부르기 좋아하는 범주에 포함된다. 핵심적인 이유는 누구에게나 언제든지 생길 수 있으며 이는 우리 삶을 변화시킬 수 있다. 내게 일어난 사건을 이야기해 보겠다.

  집에서 빈둥거리며 쇼프 선생을 만나기 며칠 전, 나는 누군가 현관문 두드리는 소리를 들었다. 그것은 소심하고 주저하는 듯한 소리였다. 문을 열자 커다란 갈색눈이 날 보고 있었다. 문 앞에는 열 살쯤 된, 어린 소녀가 서 있었다. 소녀는 작은 심장이 낼 수 있는 가장 큰 용기와 결단력으로 걸 스카우트 쿠키를 팔고 있다고 말했다. 소녀의 설명은 고수(高手)급이었다 – 몇 가지 맛과 특별한 거래에 한 상자에 2,000원 밖에 하지 않았다. 어떻게 거절하겠는가? 드디어 소녀는 함박웃음을 띠고 너무도 예의바르게 사줄 것을 부탁했다.

핵심적인 이유들

그리고 나는 사주고 싶었다. 아, 얼마나 사주고 싶었는가!

그런데 한 가지 문제가 있었다. 내게 2,000원이 없었던 것이다! 이런, 나는 당황했다! 한 사람의 아버지요, 대학을 졸업하고 고소득 직장을 얻은 내가 그까짓 2,000원이 없었던 것이다.

당연한 얘기지만 나는 귀여운 그 소녀에게 차마 이 말은 할 수 없었다. 그래서 나는 차선책을 택했다. "고맙구나. 하지만 올해는 벌써 걸 스카우트 쿠키를 샀는 걸. 집에 아직 많이 남아 있단다."라고 거짓말을 한 것이다.

자, 이것은 분명 진실이 아니었다. 하지만 그 상황을 모면하기 위해 내가 생각해낼 수 있었던 유일한 방법이었다. 그리고 그것은 먹혔다. 그 귀여운 소녀는 말했다. "괜찮아요. 고맙습니다." 그 말과 함께 소녀는 뒤돌아서 갔다.

핵심적인 이유들

 나는 매우 길게 느껴졌던 그 시간 동안 소녀의 뒷모습을 바라보았다. 나는 현관문을 닫고 기댄 채 소리쳤다.

 "더 이상 이런 식으로 살기는 싫어. 한 푼 없는 것도, 거짓말 하는 것도 이 정도면 충분해. 주머니에 돈이 없어 당황하는 일은 다시는 없도록 하겠어."

 그 날이 바로 항상 수십 만 원을 주머니에 넣고 다닐 정도로 충분한 돈을 벌겠다고 다짐한 날이었다.

미국

  국가에 대한 맹세는 '나'로 시작해 '모두'로 끝난다. 그것이 미국의 전부다 – '나'(개인) 그리고 '모두'(우리). 우리 개개인 모두가 얼마나 가치 있는 존재인지 이해한다면, 큰 힘이 된다. 큰 힘이 되는 또 한 가지 경우는 바로 개개인 모두가 얼마나 힘이 있는지를 이해할 때다.

  미국이 남다른 이유는 위로 오를 수 있는 경제 사다리를 제공해 준다는 점이다. 흥분되는 사실은, 사람이 몰리는 곳은 사다리의 아랫부분이지 윗부분이 아니라는 점이다.

  지난 6,500년 간 어디서도 구할 수 없었던 가장 큰 기회가 미국에 있다. 유사 이래 그토록 다양한 재능을 지닌 사람들이 전 세계에서 하나의 나라로 모인 적은 없었다.

  미국에는 성공에 필요한 모든 것이 손닿는 곳에 있다.

풍요로운 삶을 위하여

풍요로운 삶을 위하여

풍요로운 삶을 위하여

풍요로운 삶을 위하여